Daniel Torres

LAS AVENTURAS DE TOM

TU GRAN AMIGO

2

NORMA
Editorial

TÍTULOS PUBLICADOS DE TOM

TOM
Daniel Torres

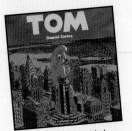

Tom en Nueva York
(Colección Tom, tu gran amigo nº1)

Daniel Torres
TOM
NORMA

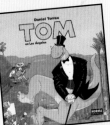

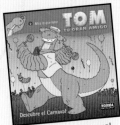

Tom en Los Ángeles
(Colección Tom, tu gran amigo nº2)

Daniel Torres
TOM
TU GRAN AMIGO
en París

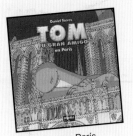

Tom en París
(Colección Tom, tu gran amigo nº3)

TOM
TU GRAN AMIGO
Juega al fútbol

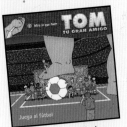

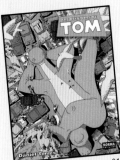

Juega al fútbol
(Colección Mira lo que hace Tom nº1)

TOM
TU GRAN AMIGO
Descubre el Carnaval
NORMA

Descubre el Carnaval
(Colección Mira lo que hace Tom nº2)

TOM
Daniel Torres
NORMA

Las aventuras de Tom nº1
(Colección Daniel Torres nº10)

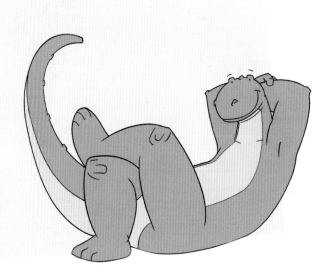

LAS AVENTURAS DE TOM 2, de Daniel Torres.
Colección Daniel Torres nº12.
Primera edición: febrero 2005.
Páginas originalmente publicadas en la revista mensual ¡Dibus!

Passeig de Sant Joan 7 - 08010 Barcelona.
Tel.: 93 303 68 20 - Fax: 93 303 68 31.
E-mail: norma@normaeditorial.com
Depósito legal: B-48873-2004. ISBN: 84-9814-051-X.
Printed in the EU.

www.NormaEditorial.com

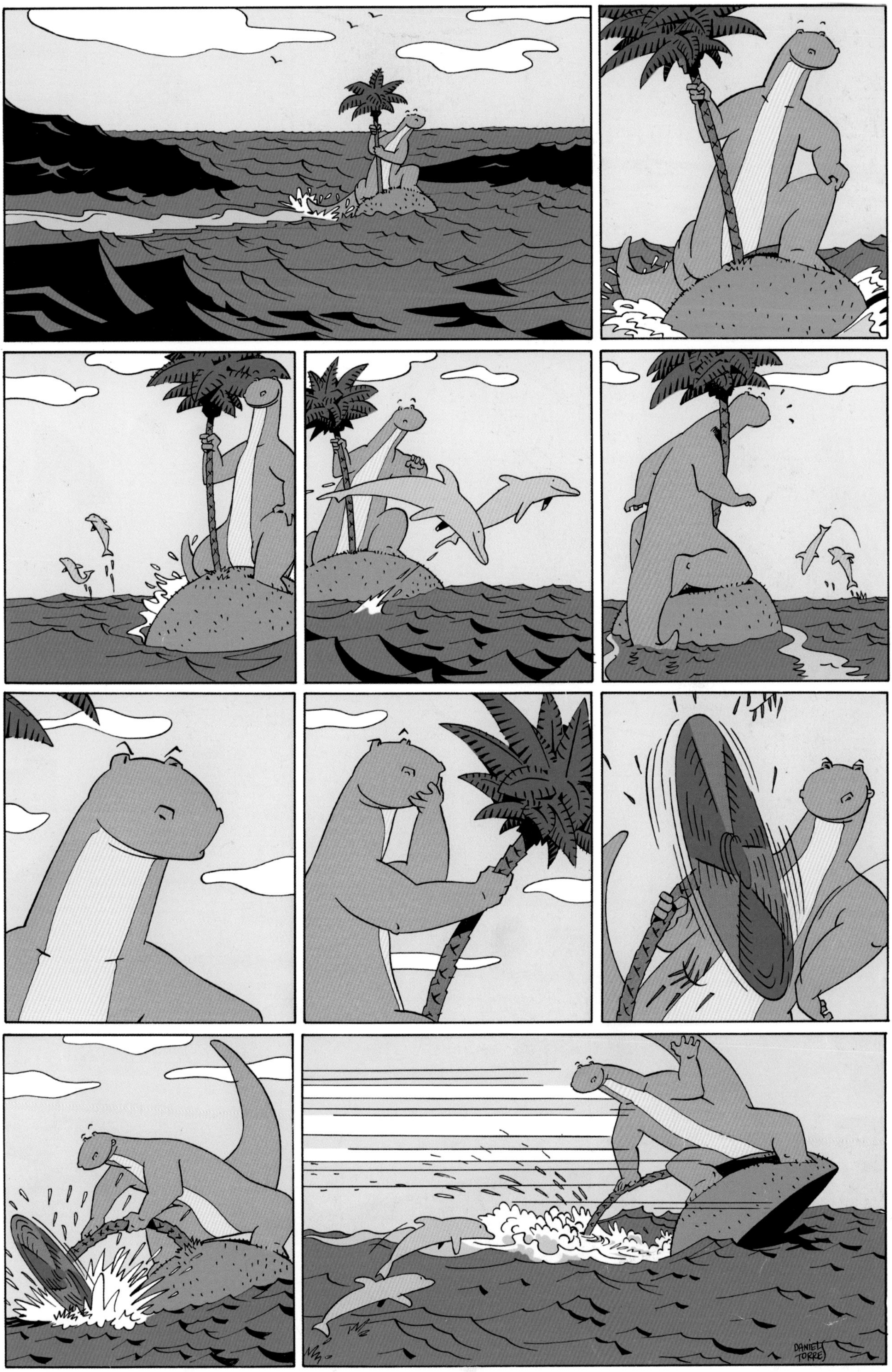
DANIEL TORRES

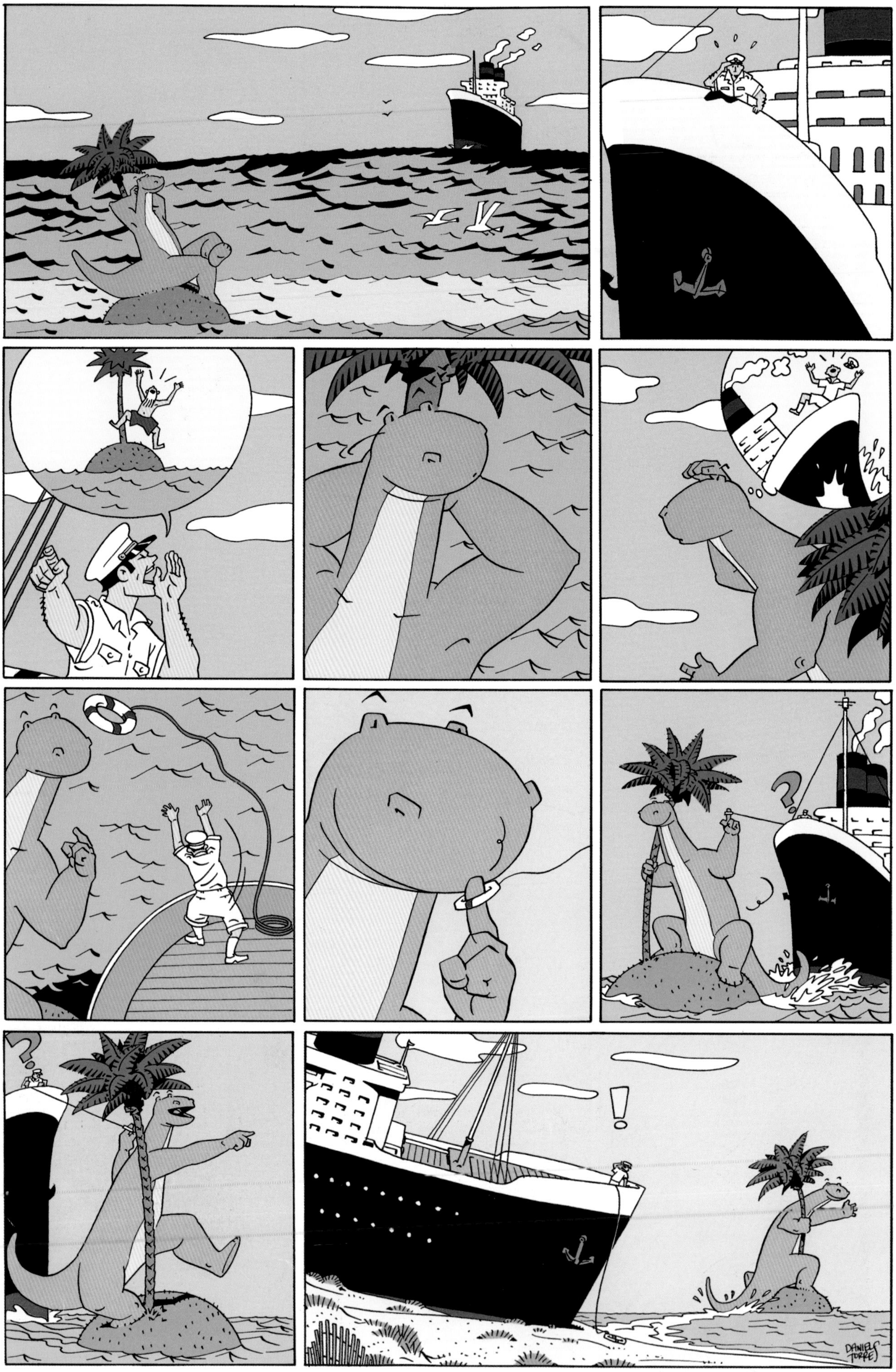
DANIEL TORRES

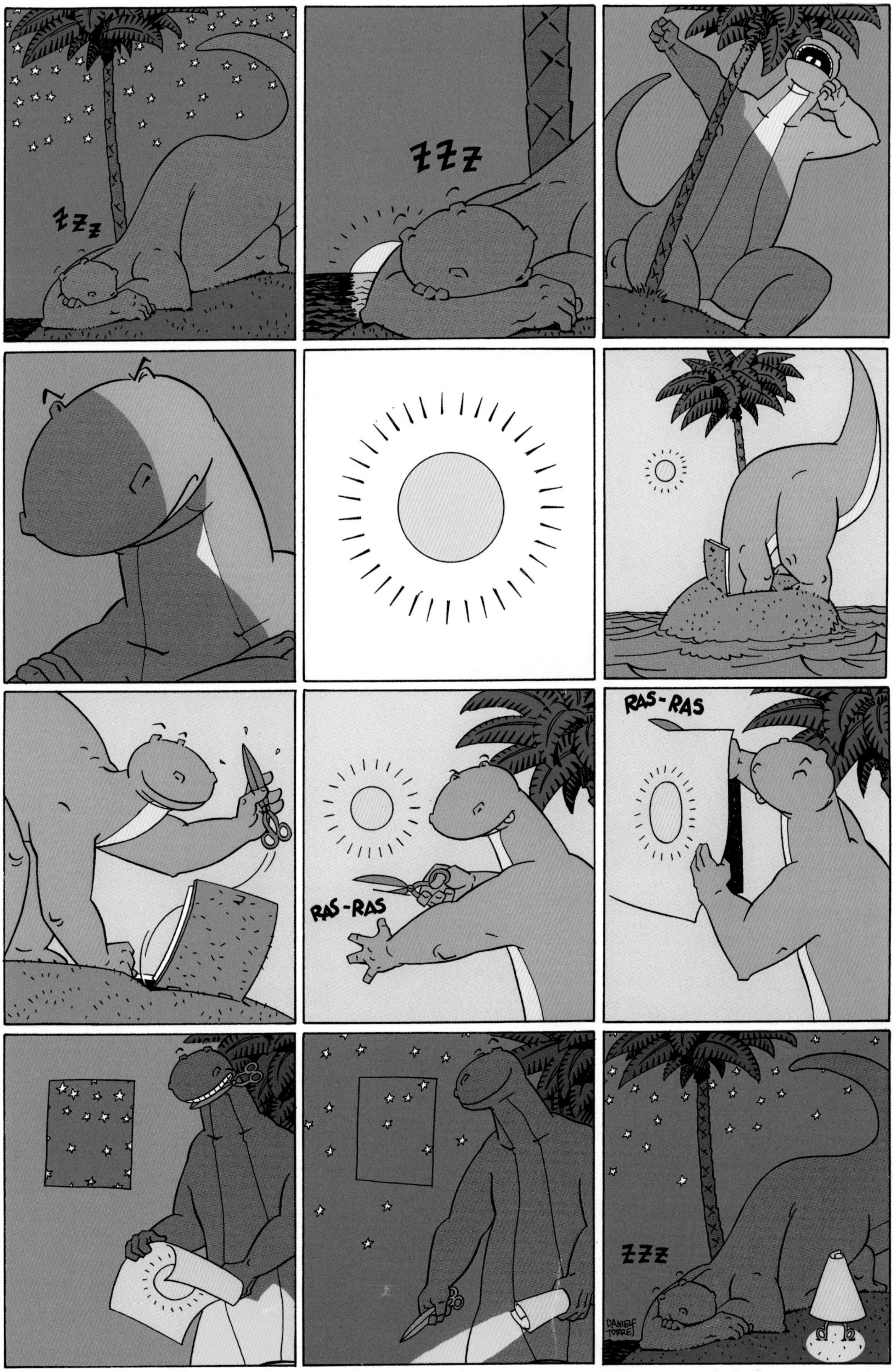
ZZZ
ZZZ
RAS-RAS
RAS-RAS
ZZZ
DANIEL TORRES

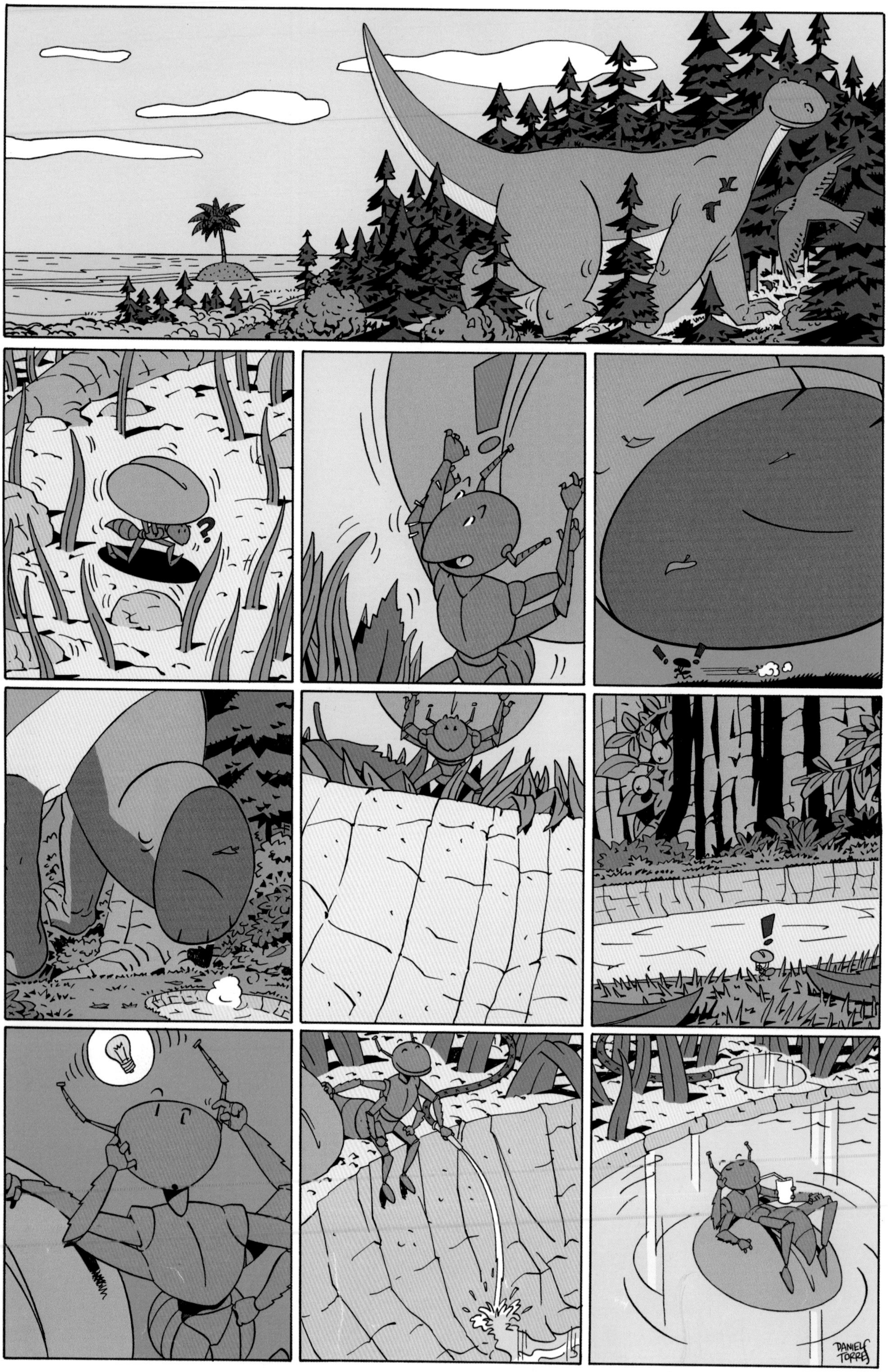
DANIEL TORRES

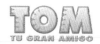

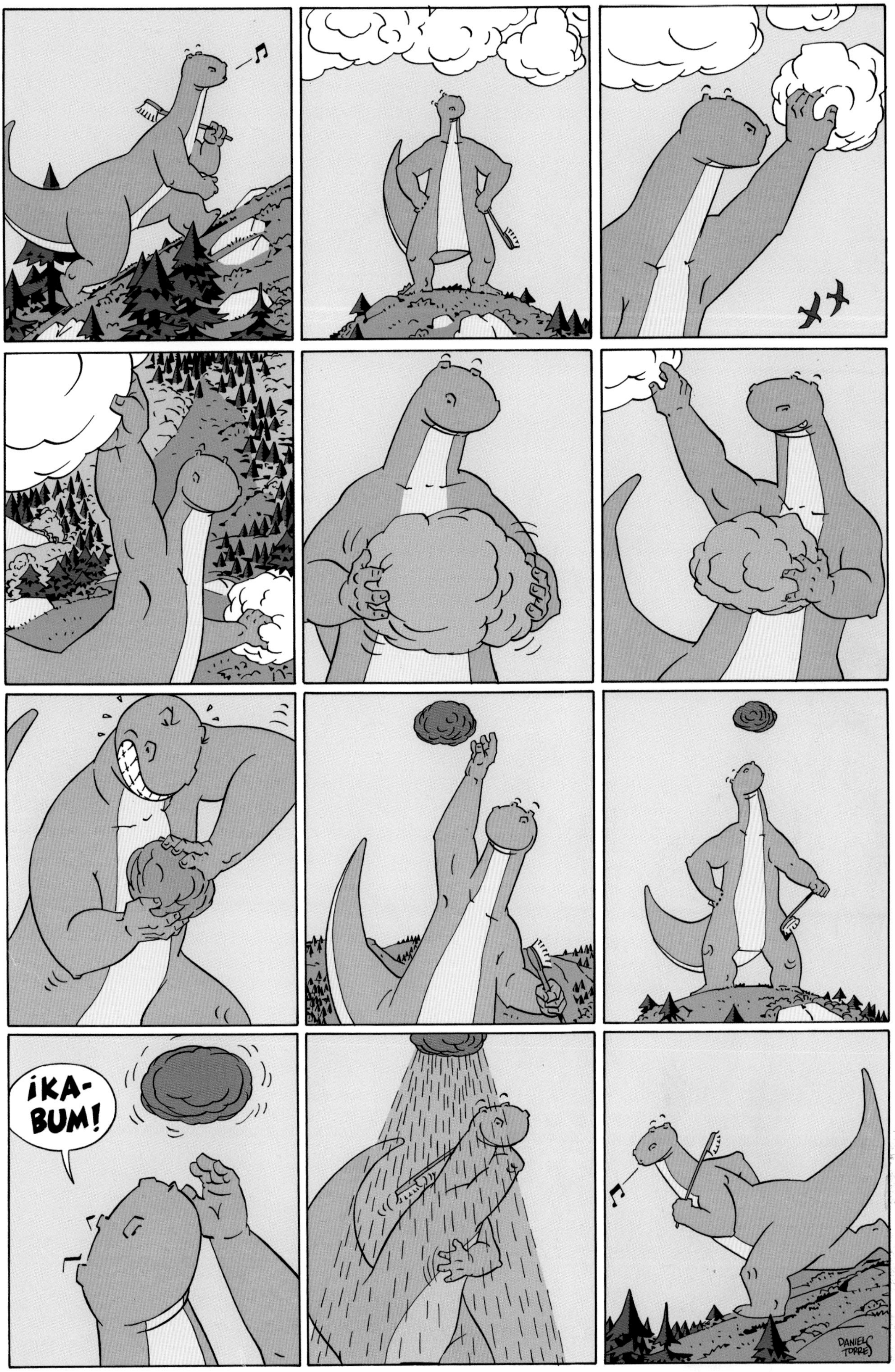
¡KA-BUM!
DANIEL TORRES

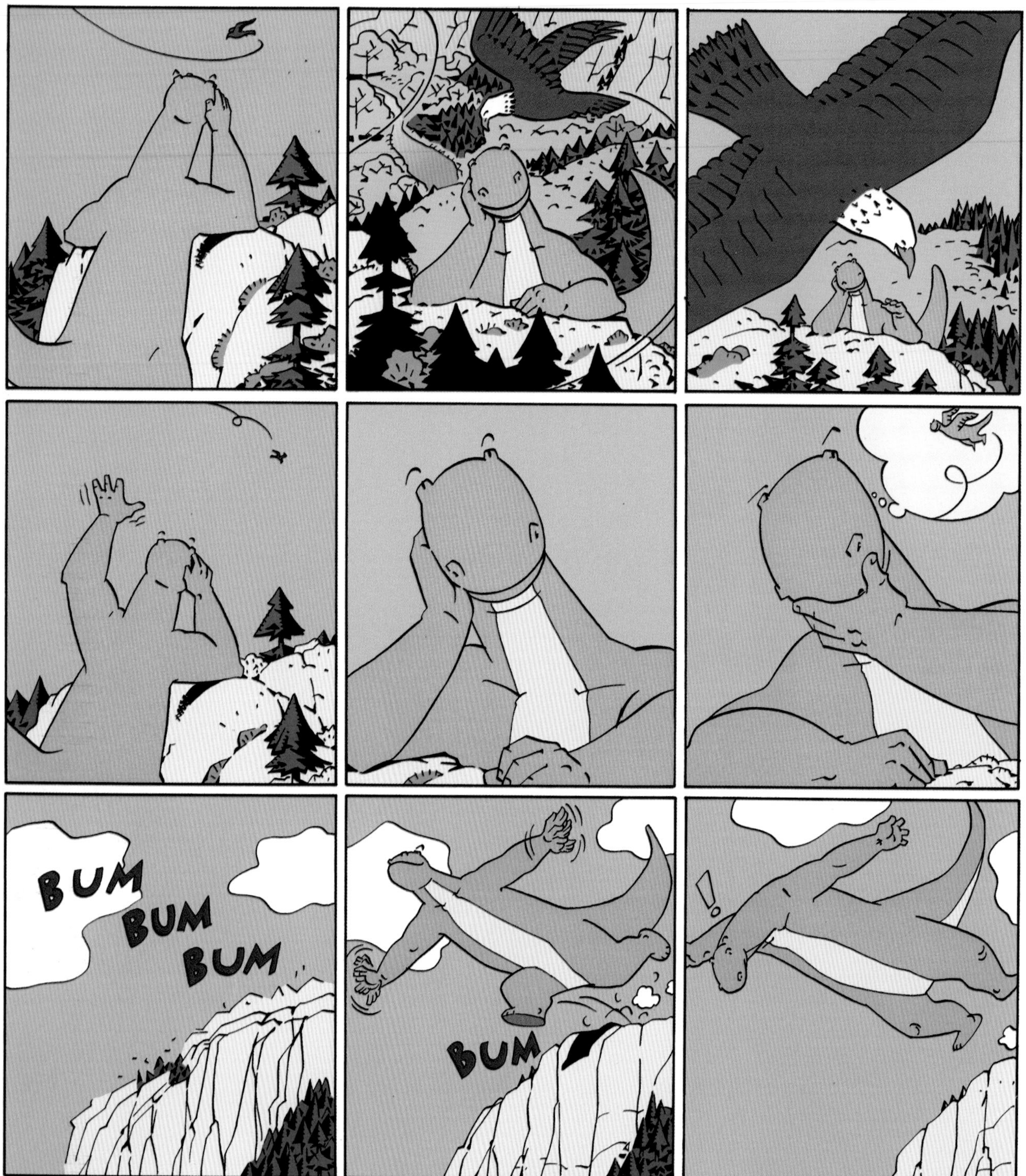
BUM
BUM
BUM
BUM
!
¡BUM!
DANIEL TORRES

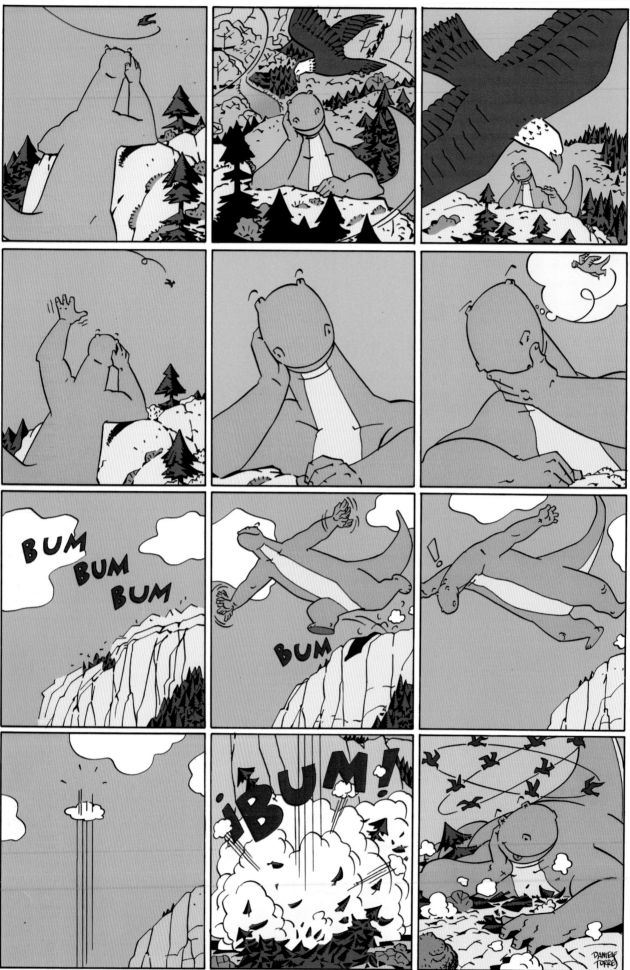

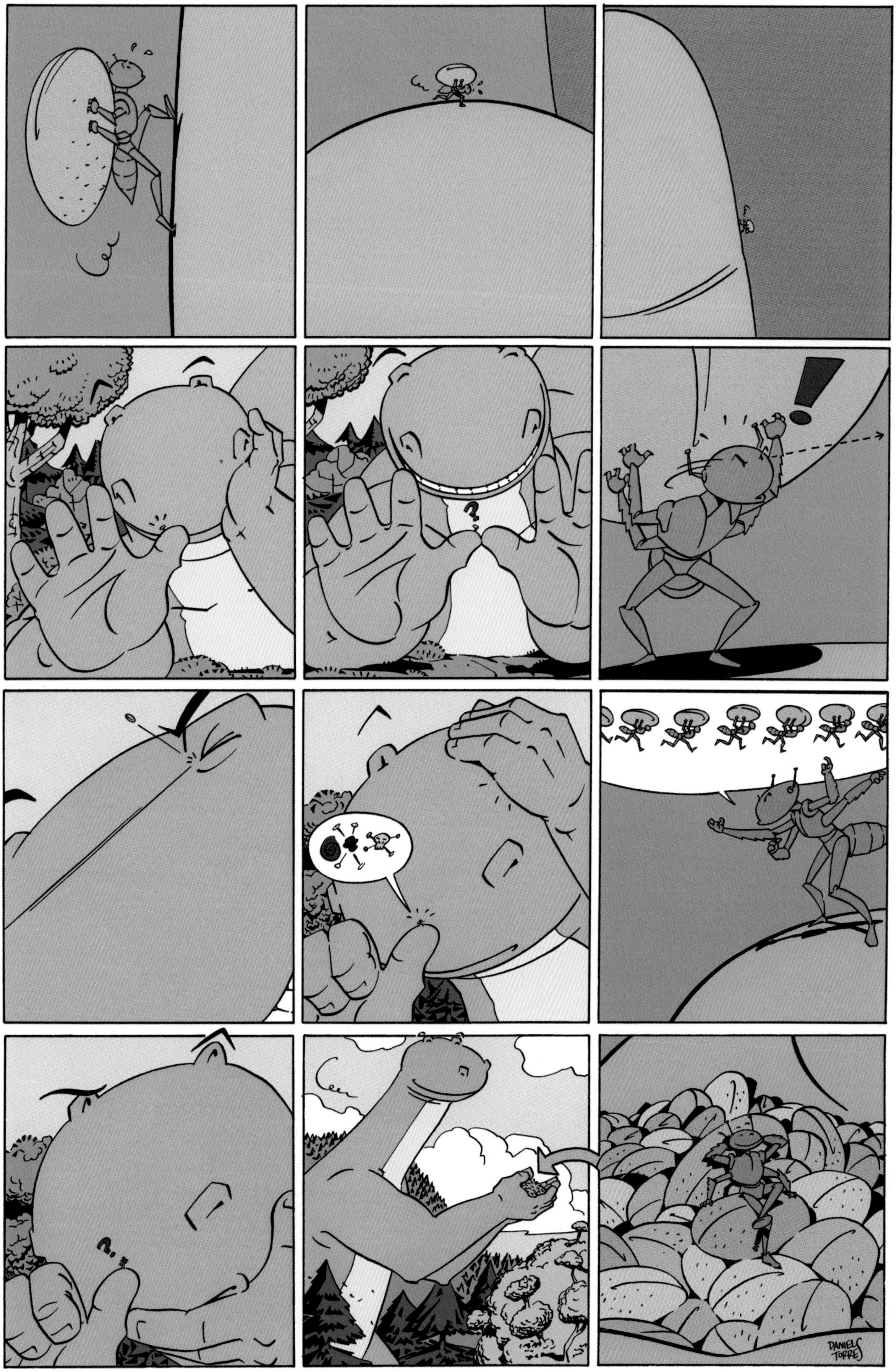
DANIEL TORRES

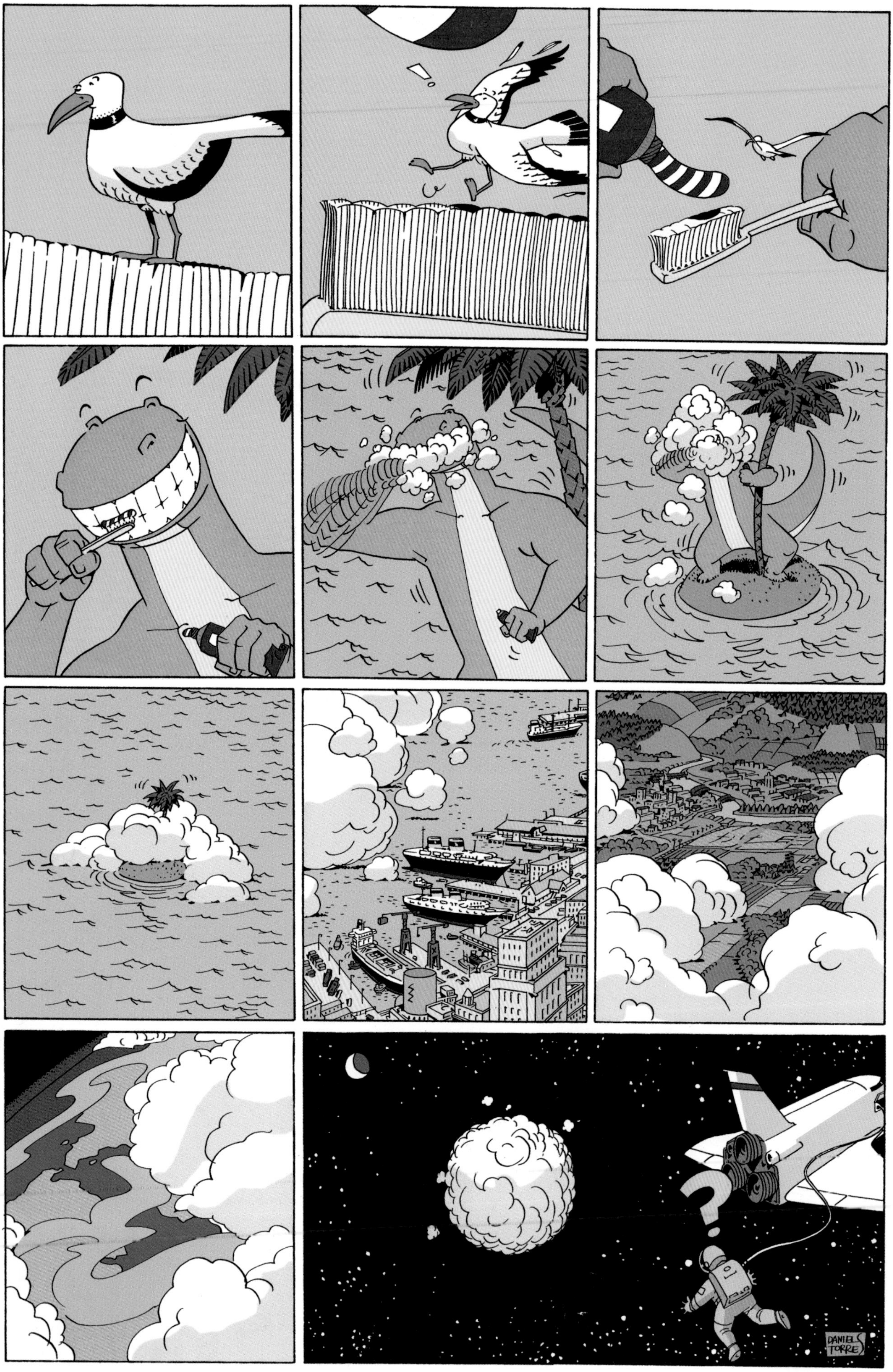
!
?
DANIEL TORRES

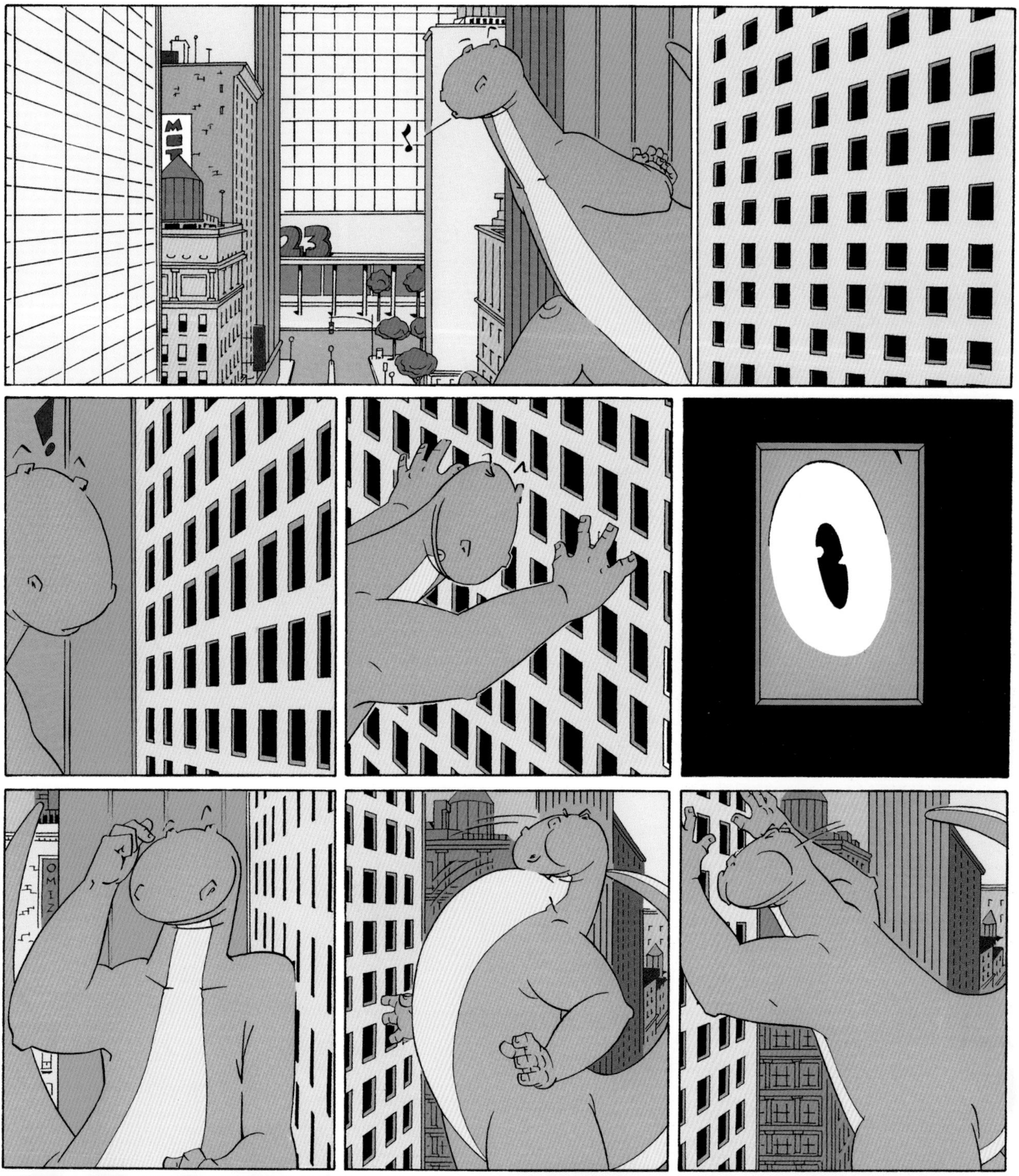
DANIEL TORRES

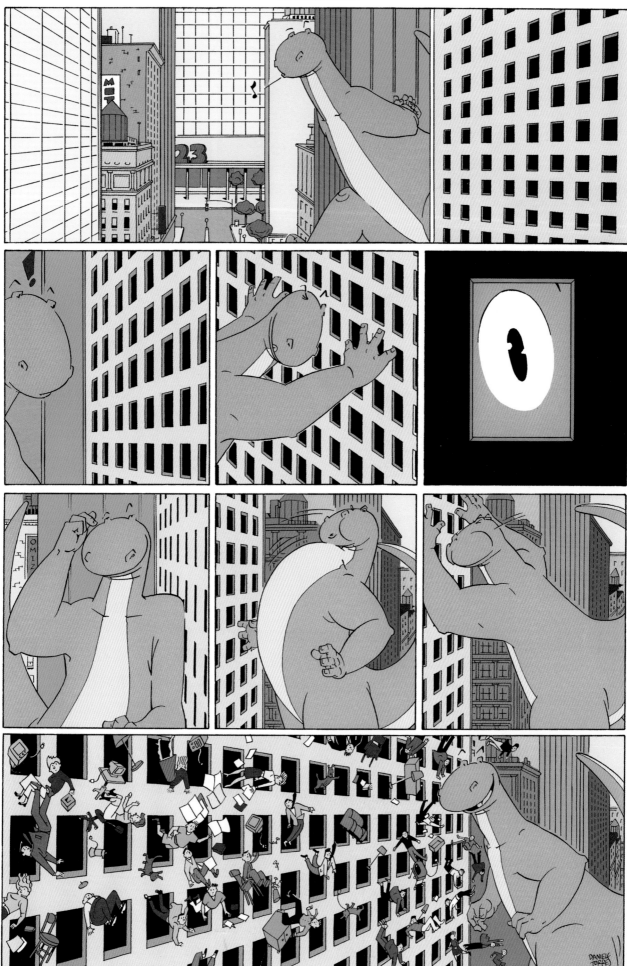

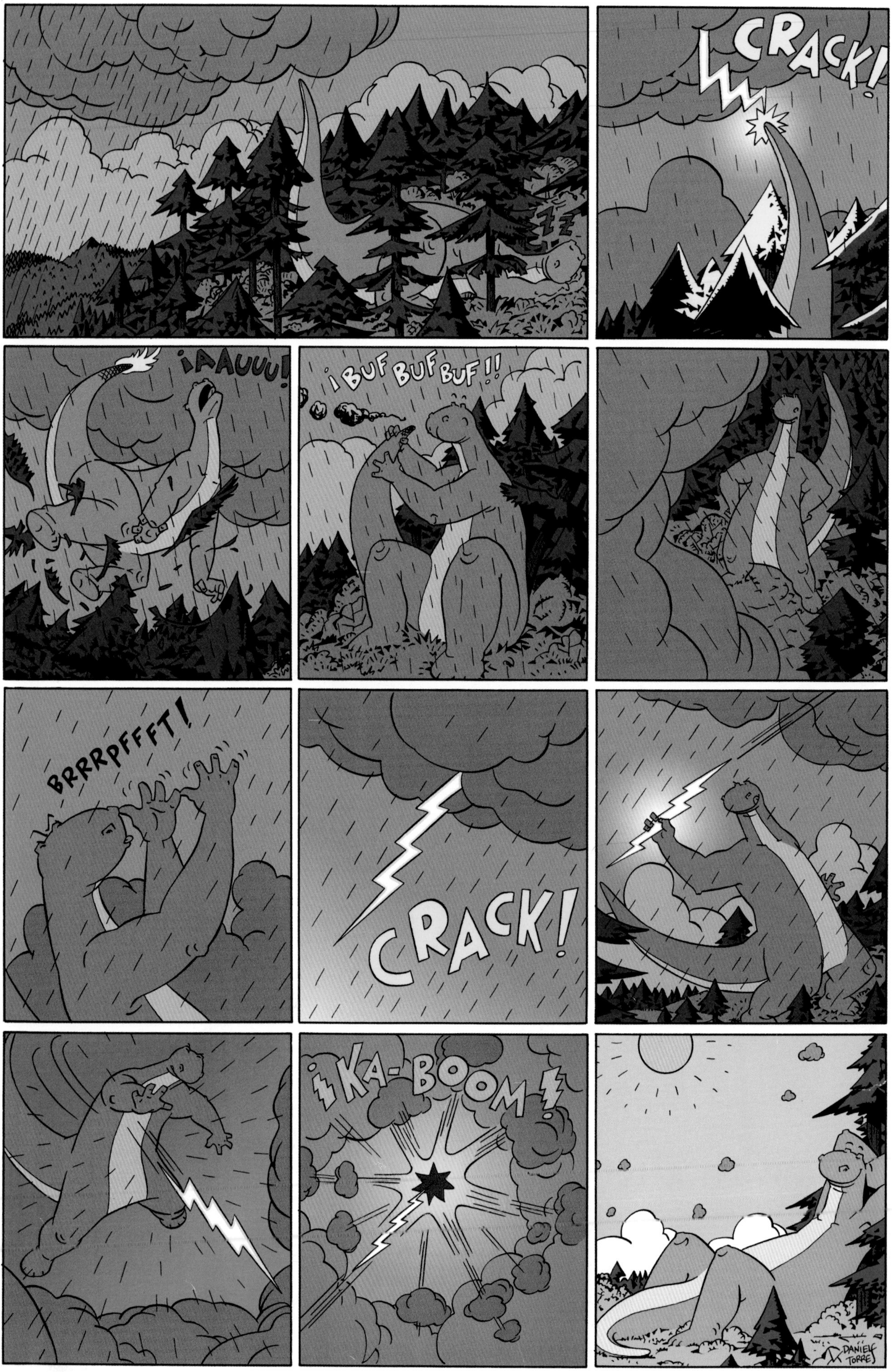
Z z
¡CRACK!
¡AAUUU!
¡BUF BUF BUF!!
BRRRPFFFT!
CRACK!
¡KA-BOOM!
DANIEL TORRES

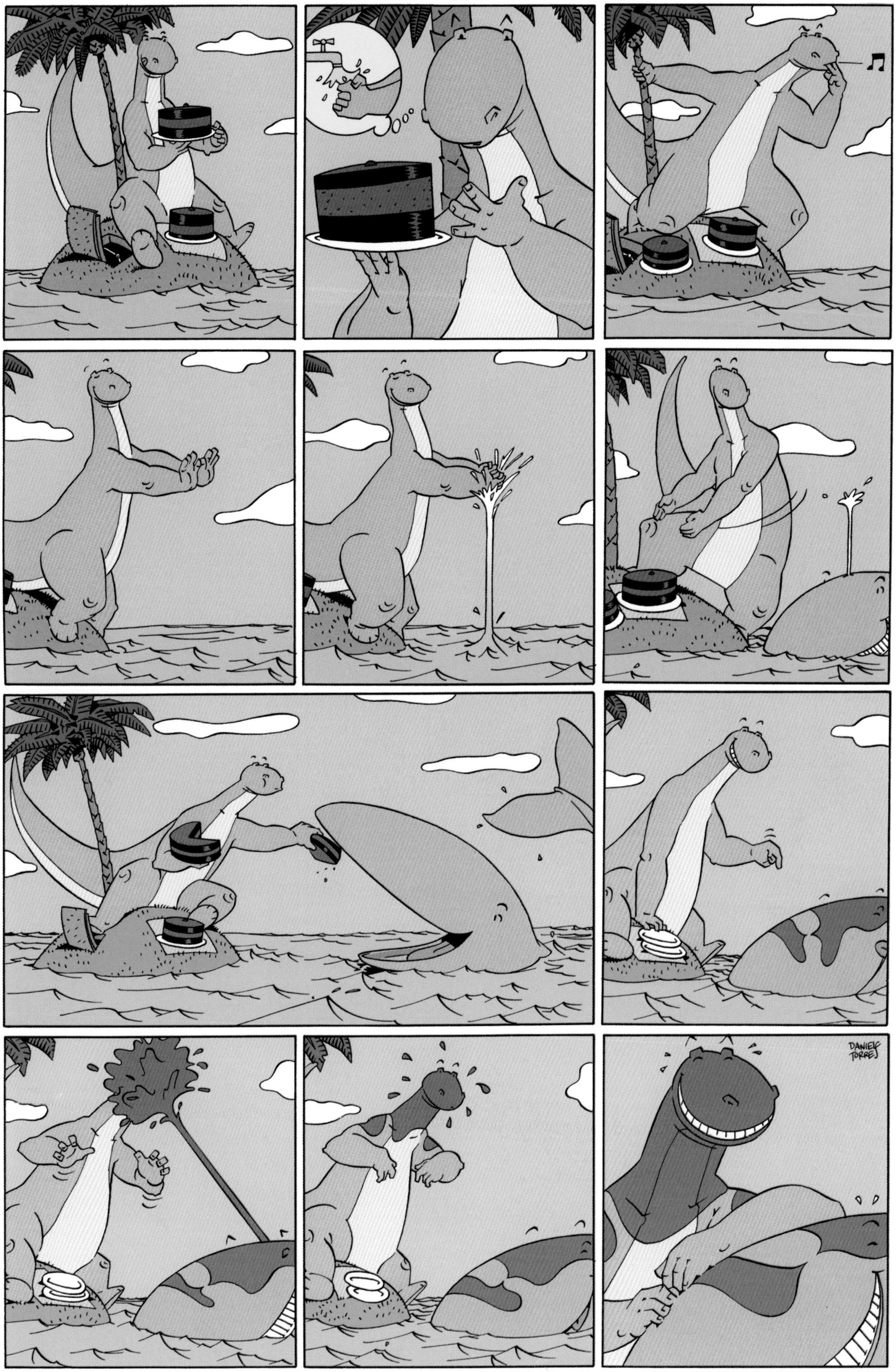
DANIEL TORRES

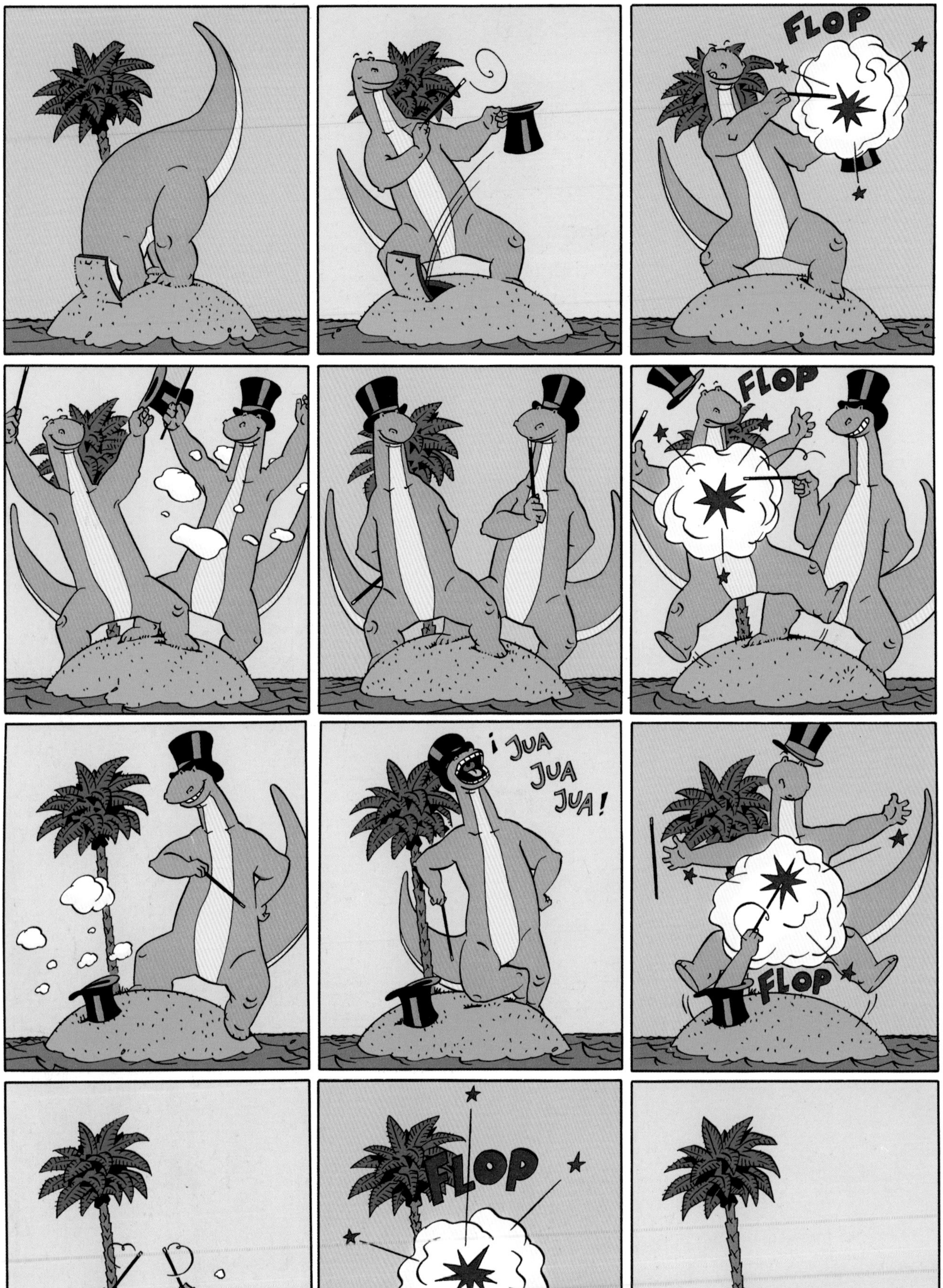
FLOP
FLOP
¡JUA JUA JUA!
FLOP
FLOP
DANIEL TORRES

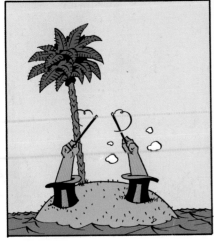

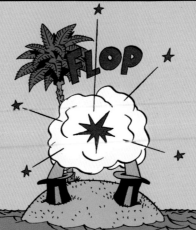

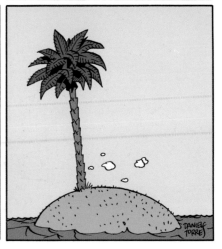

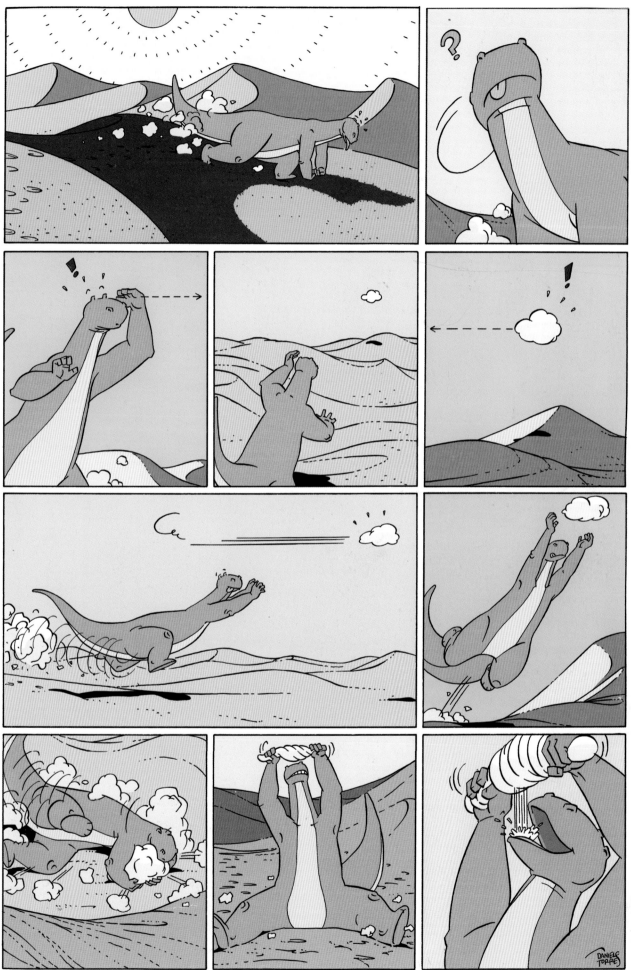

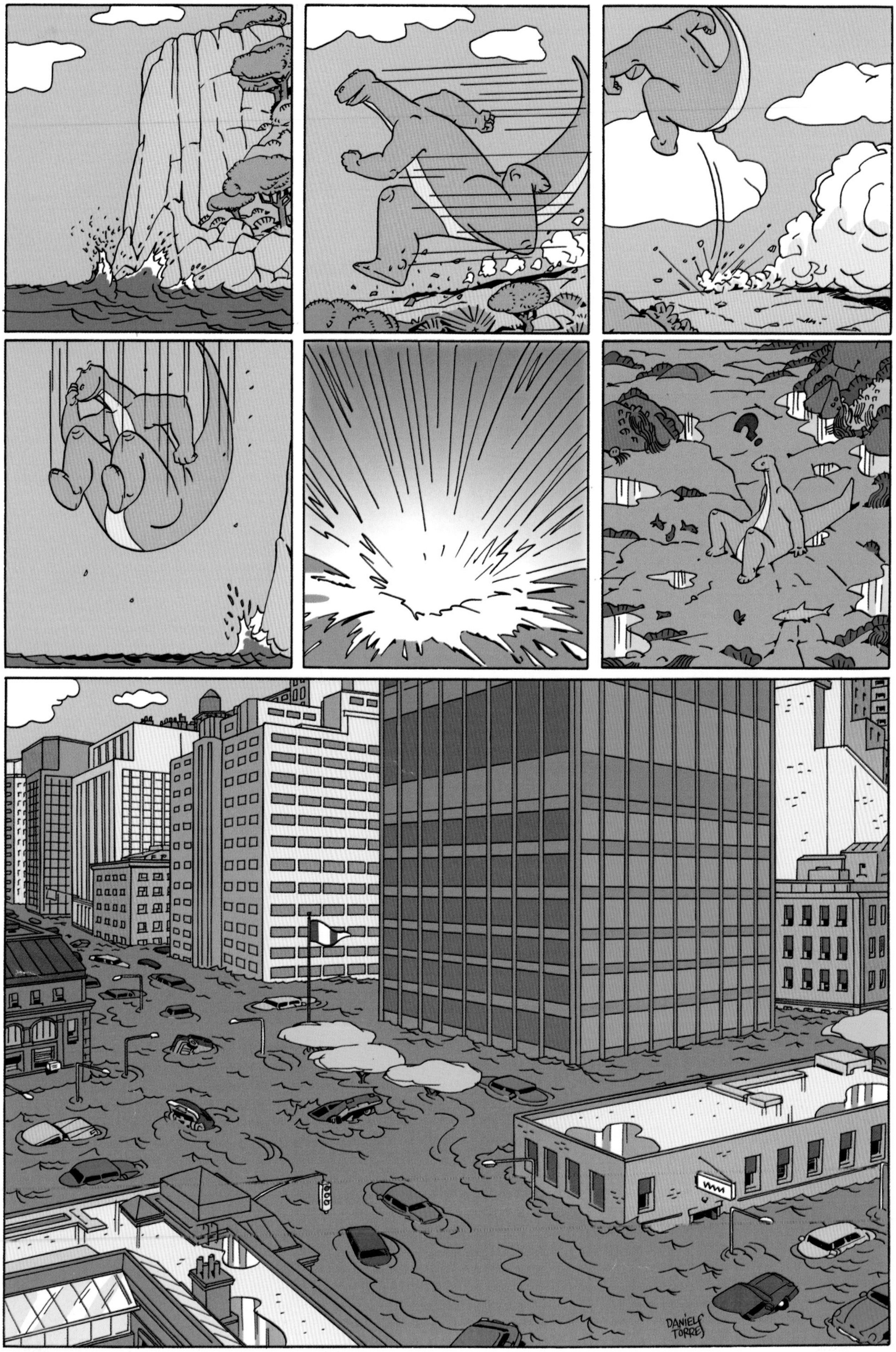
?
DANIEL TORRES

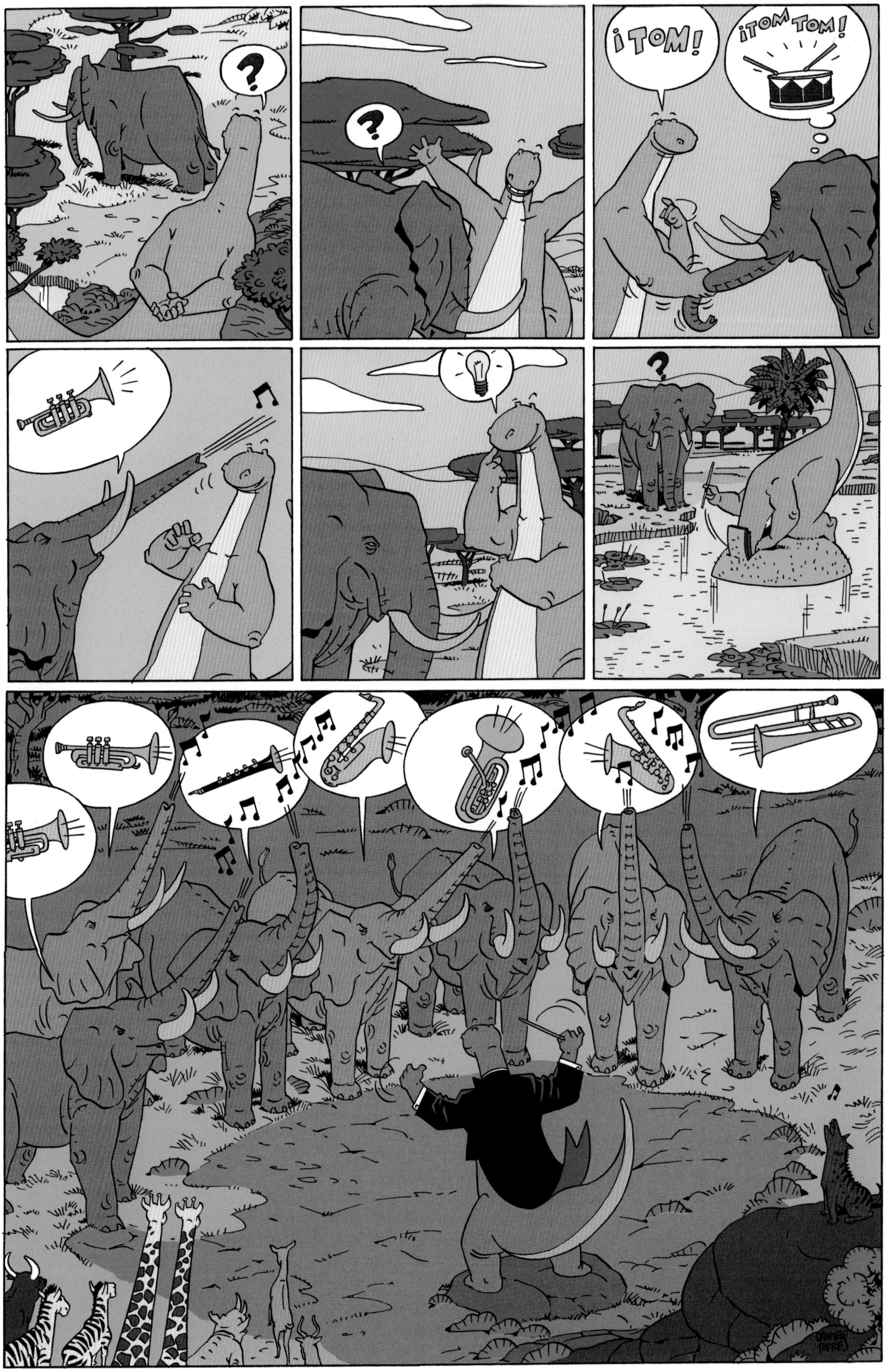
¡TOM!
¡TOM TOM!

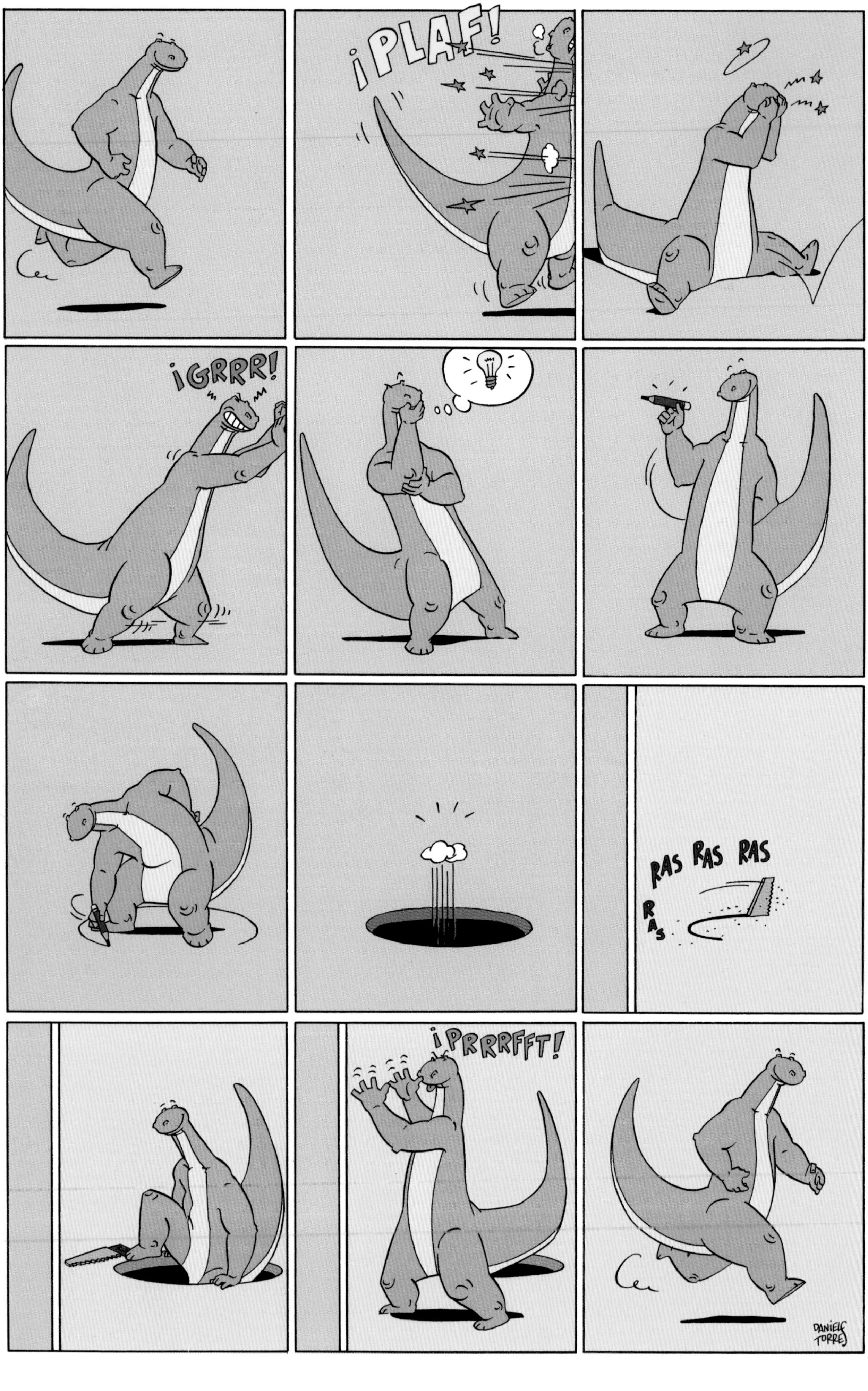
¡PLAF!
¡GRRR!
RAS RAS RAS
RAS
¡PRRRFFT!
DANIEL TORRES

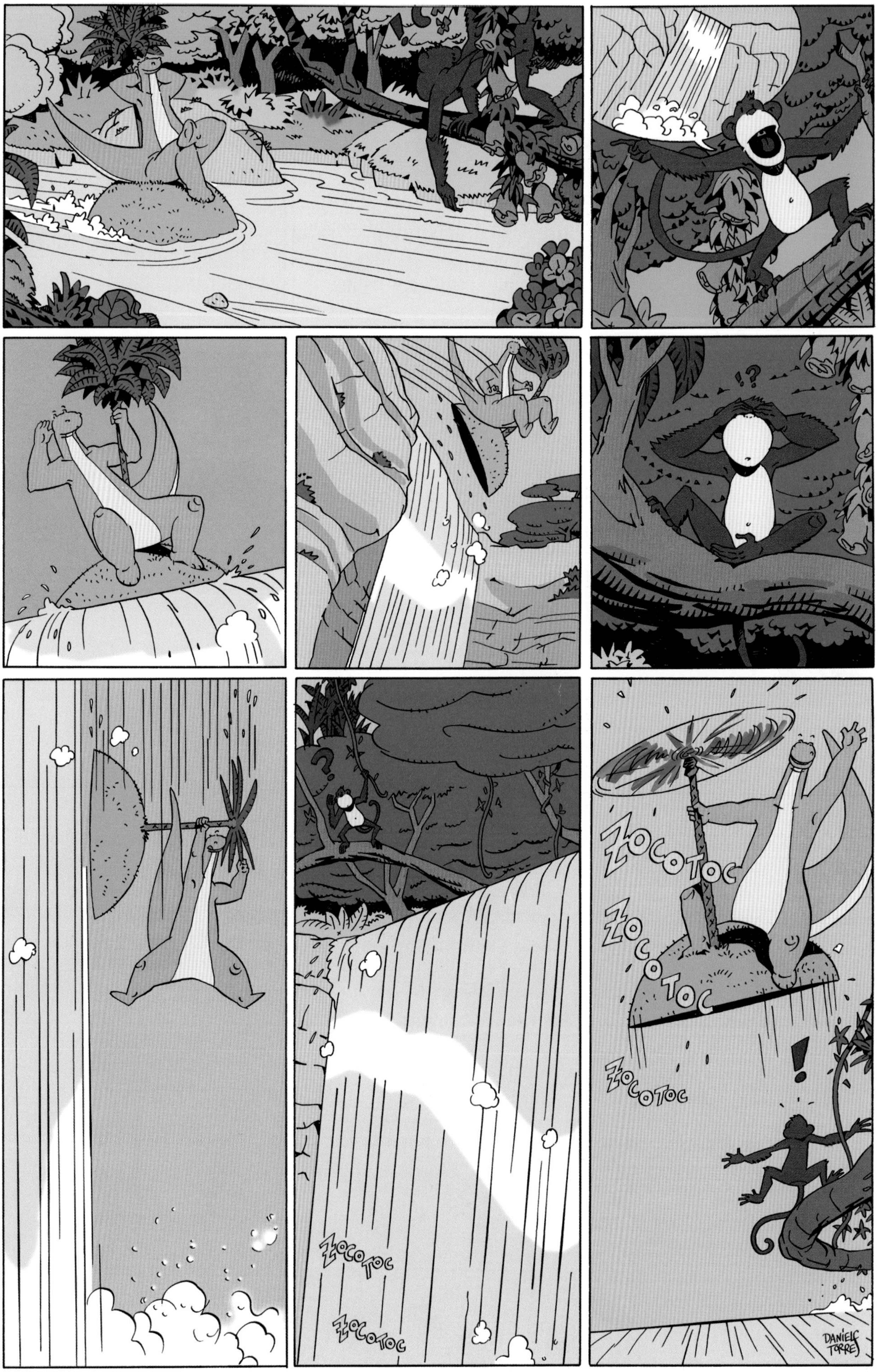
!?
?
ZOCOTOC
ZOCOTOC
ZOCOTOC
ZOCOTOC
ZOCOTOC
!
DANIEL TORRES

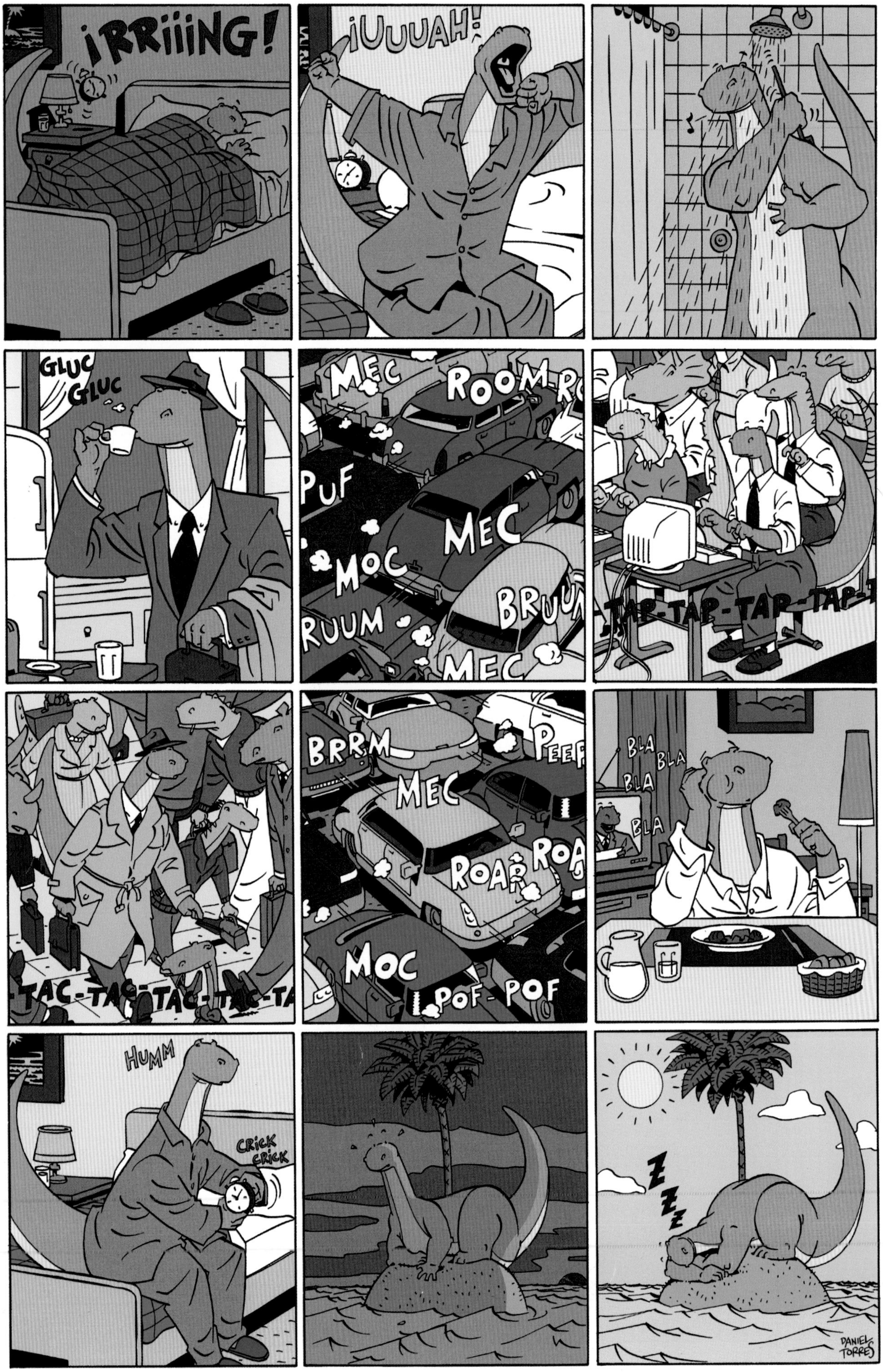
¡RRIiiING!
¡UUUAH!
GLUC
GLUC
MEC
ROOM
PUF
MEC
MOC
RUUM
TAP-TAP-TAP-TAP
TAC-TAC-TAC-TAC
BRRRM
MEC
ROAR
MOC
POF-POF
BLA
BLA
BLA
BLA
HUMM
CRICK
CRICK
DANIEL TORRES

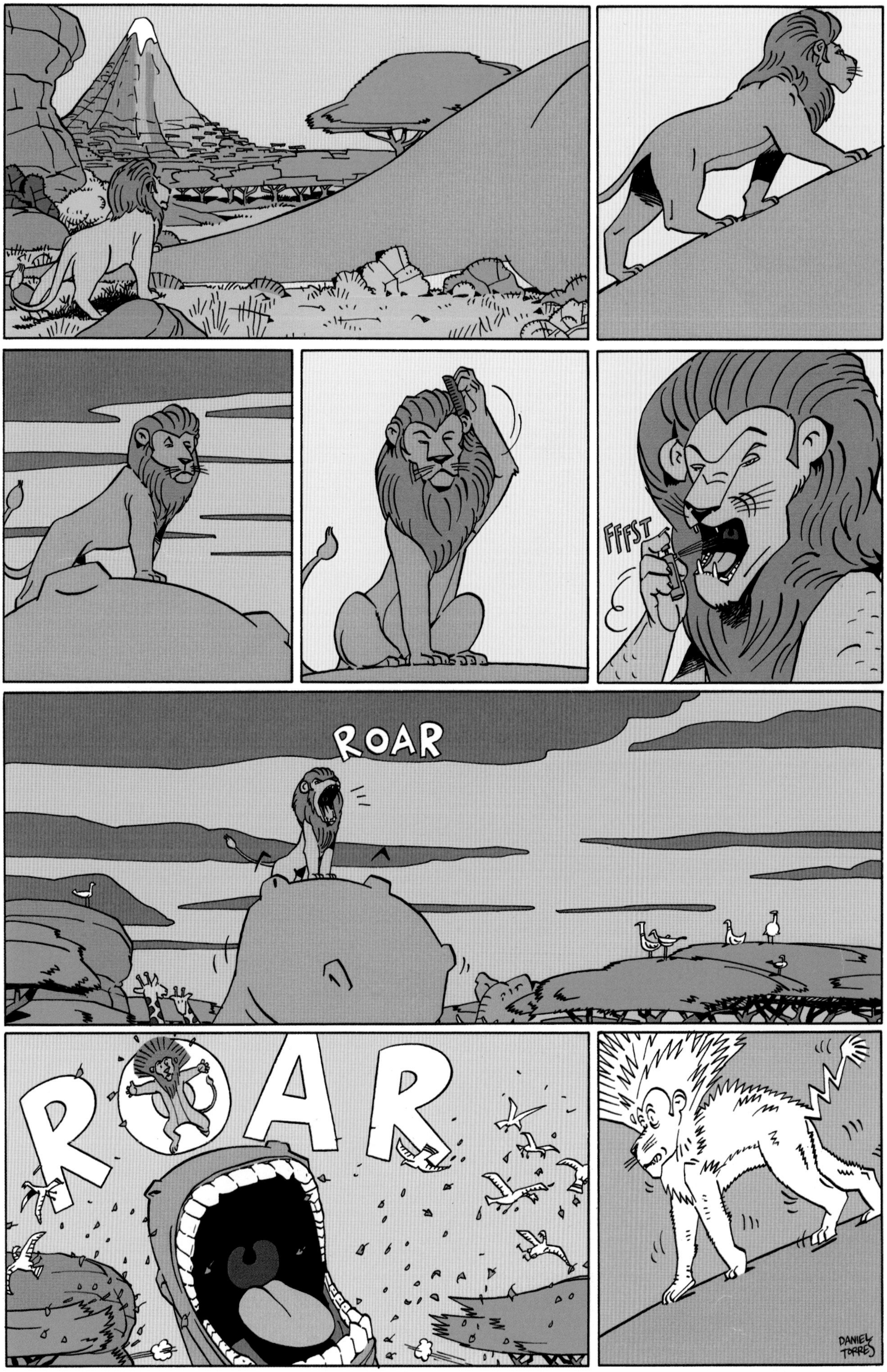
FFFST
ROAR
ROAR
DANIEL TORRES

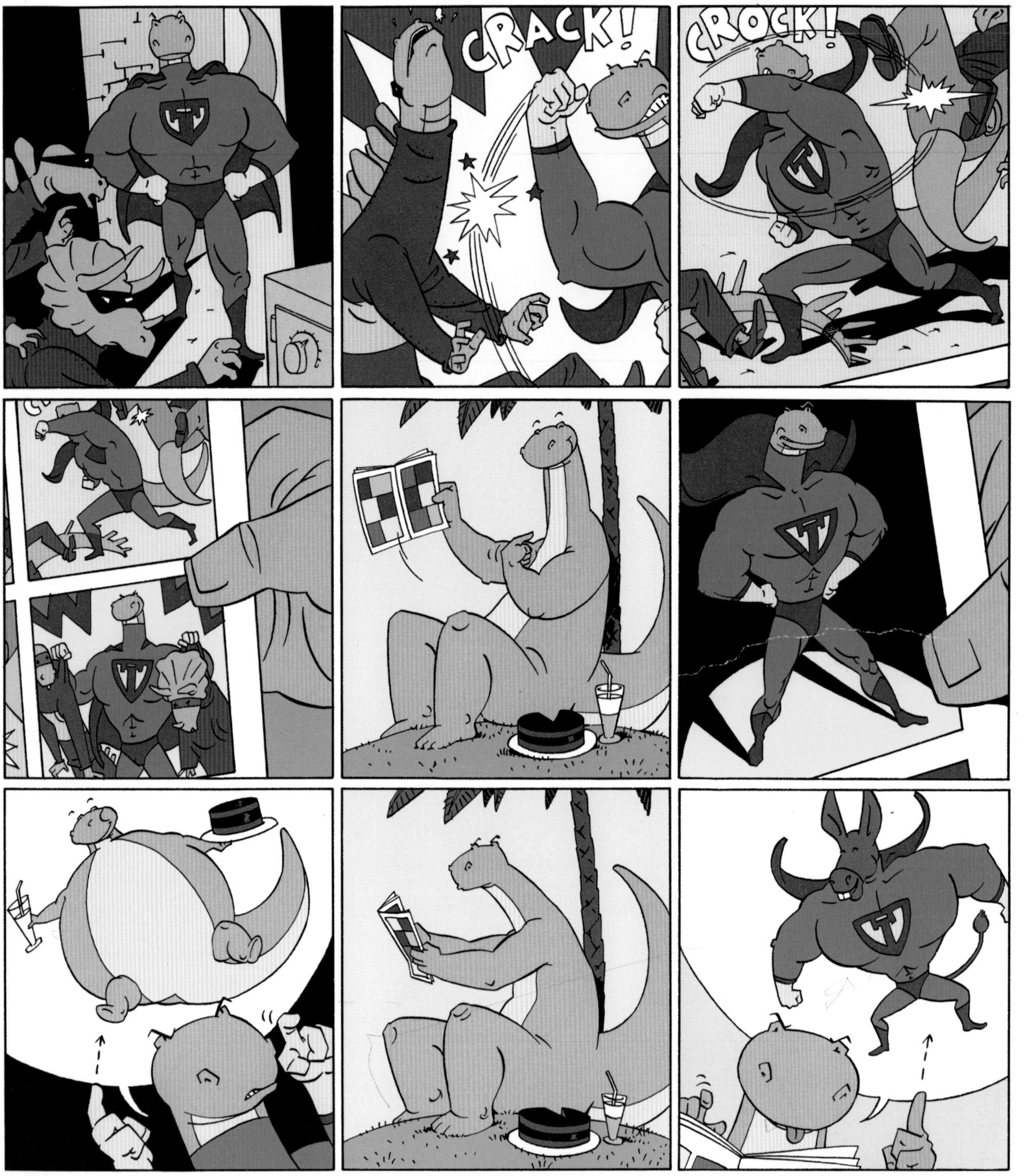
CRACK!
CROCK!
¡CRACK!
DANIEL TORRES

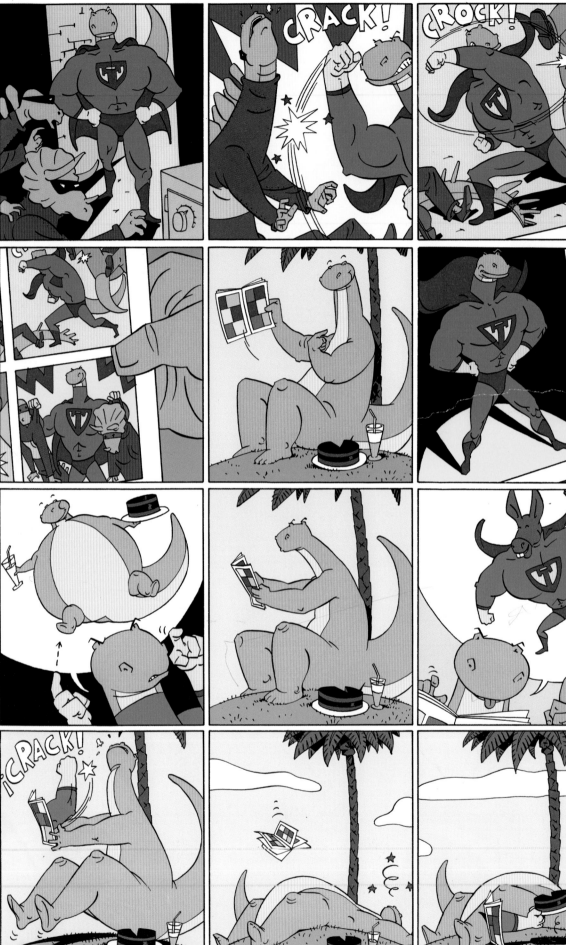

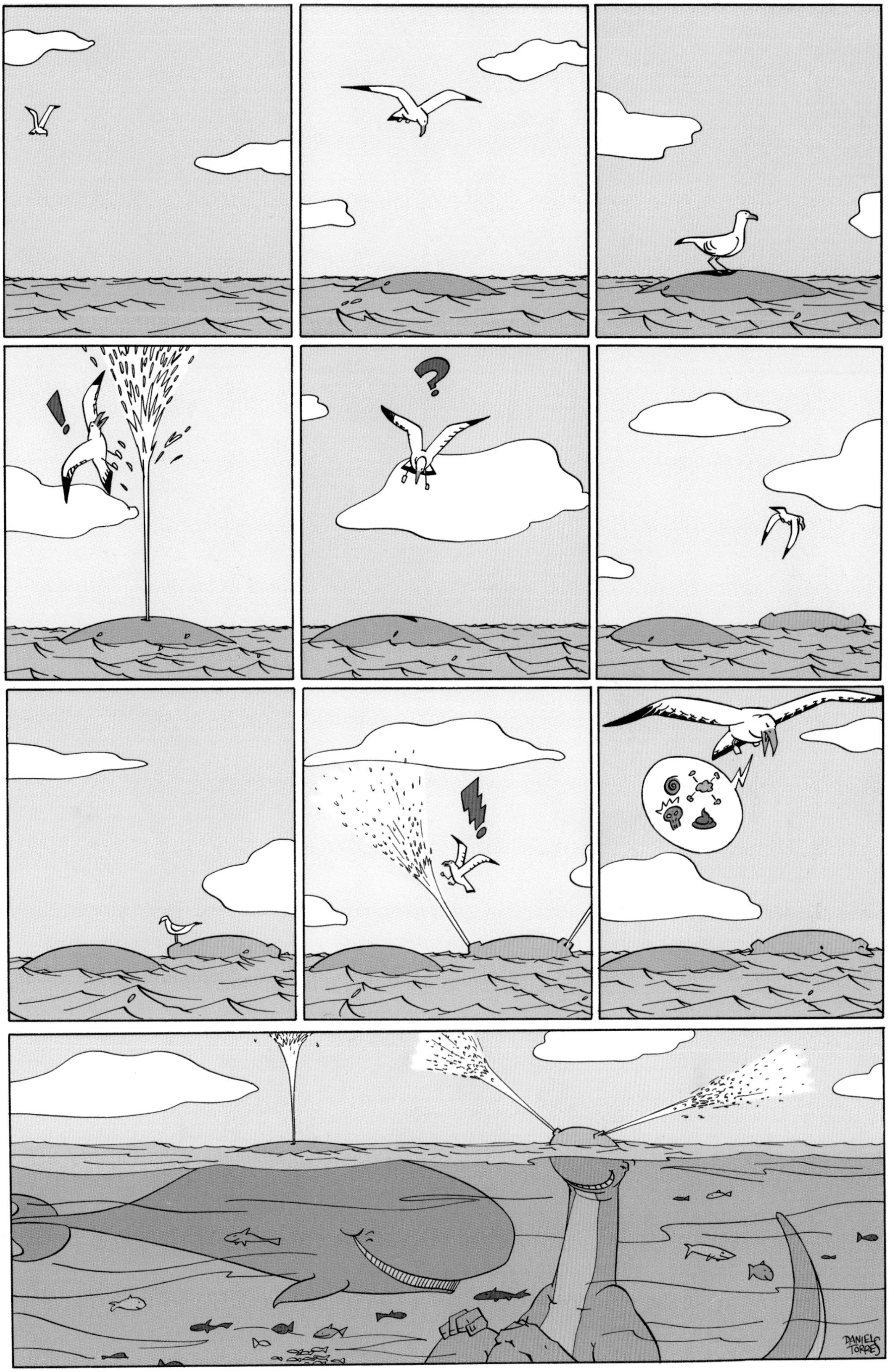
DANIEL TORRES

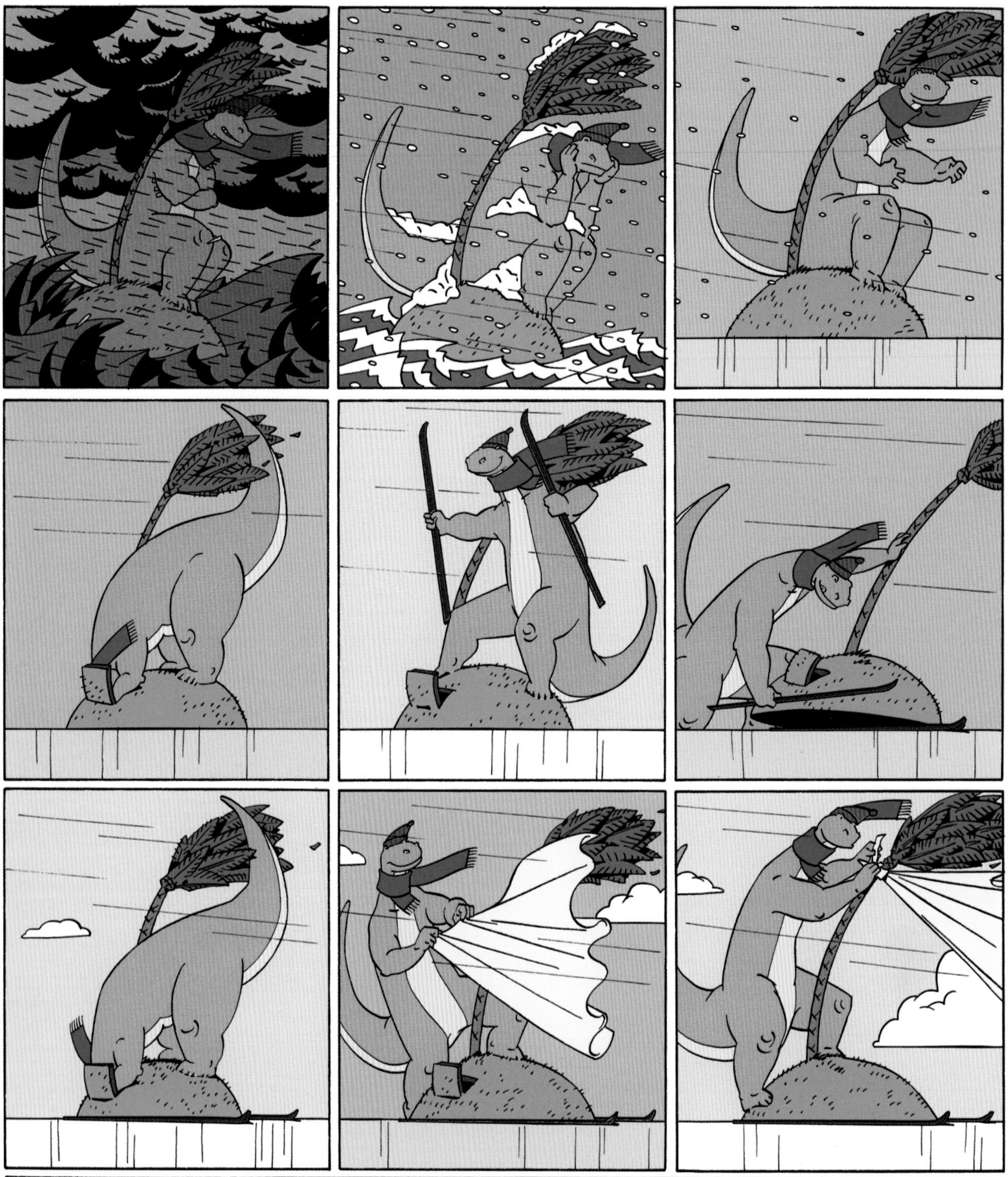
!
DANIEL TORRES

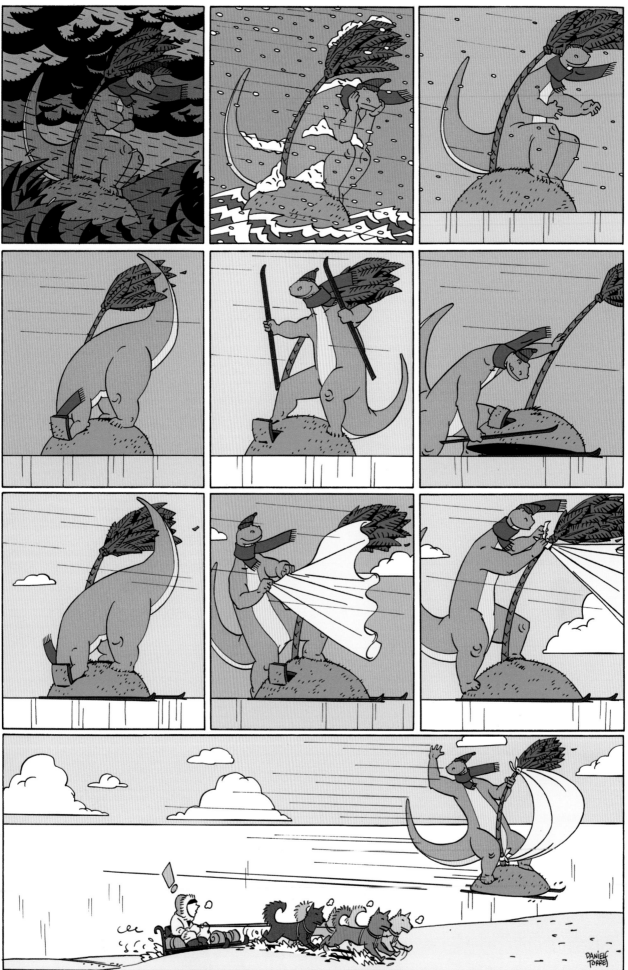

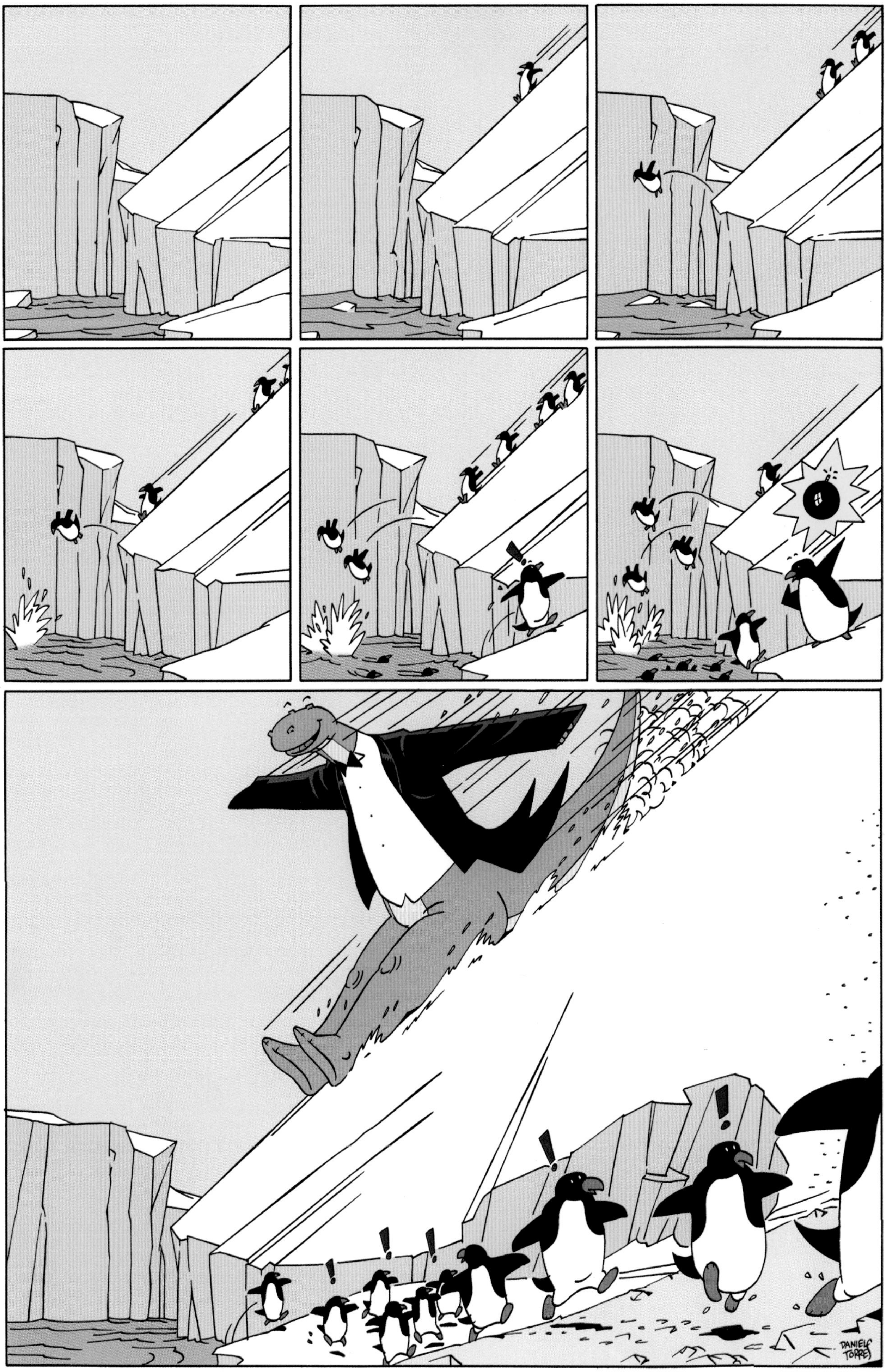
DANIEL TORRES

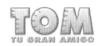

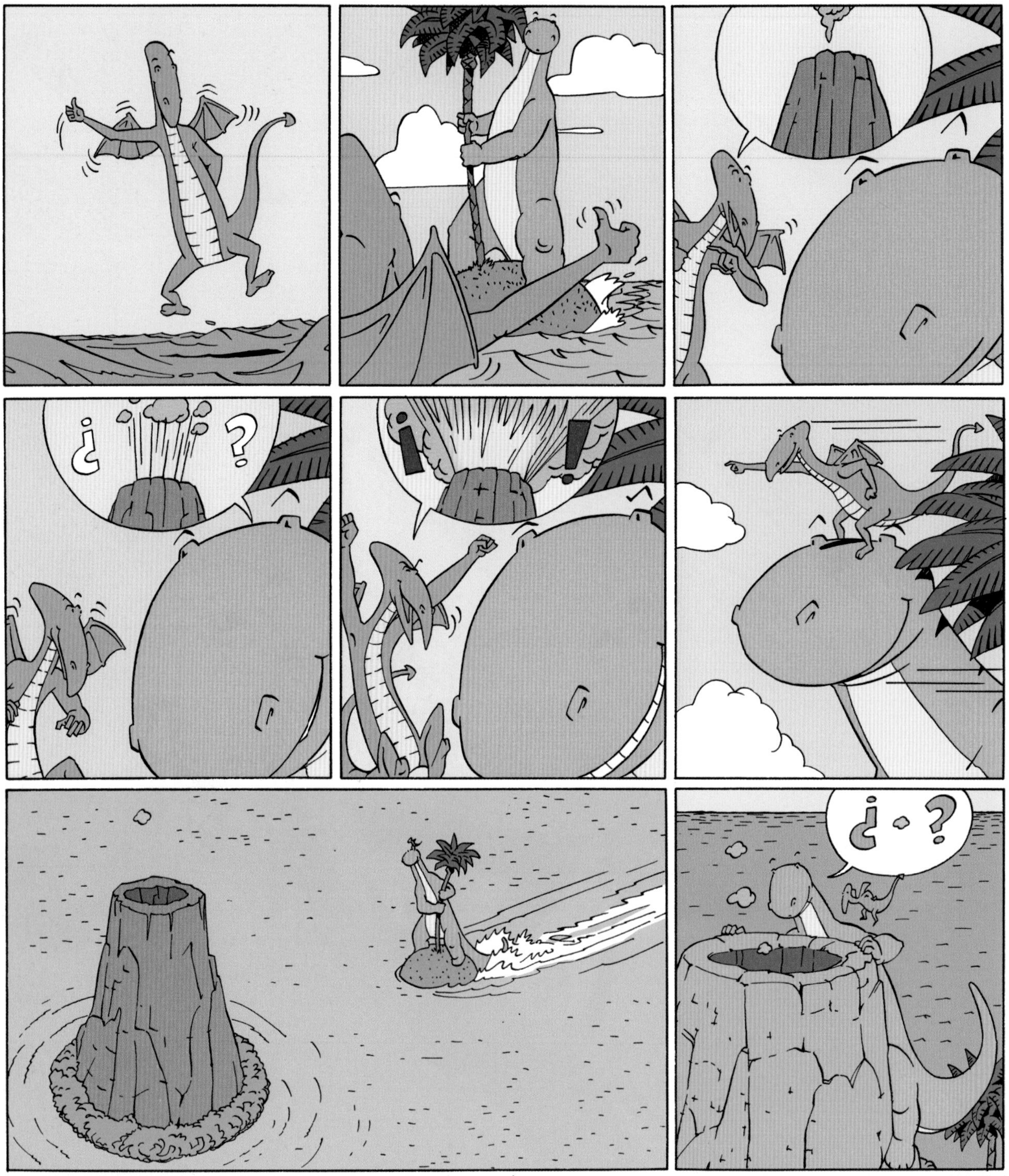
¿ ?
¡ !
¿ - ?
DANIEL TORRES & Alex

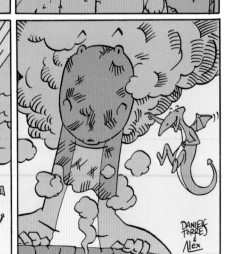

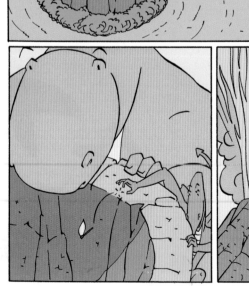

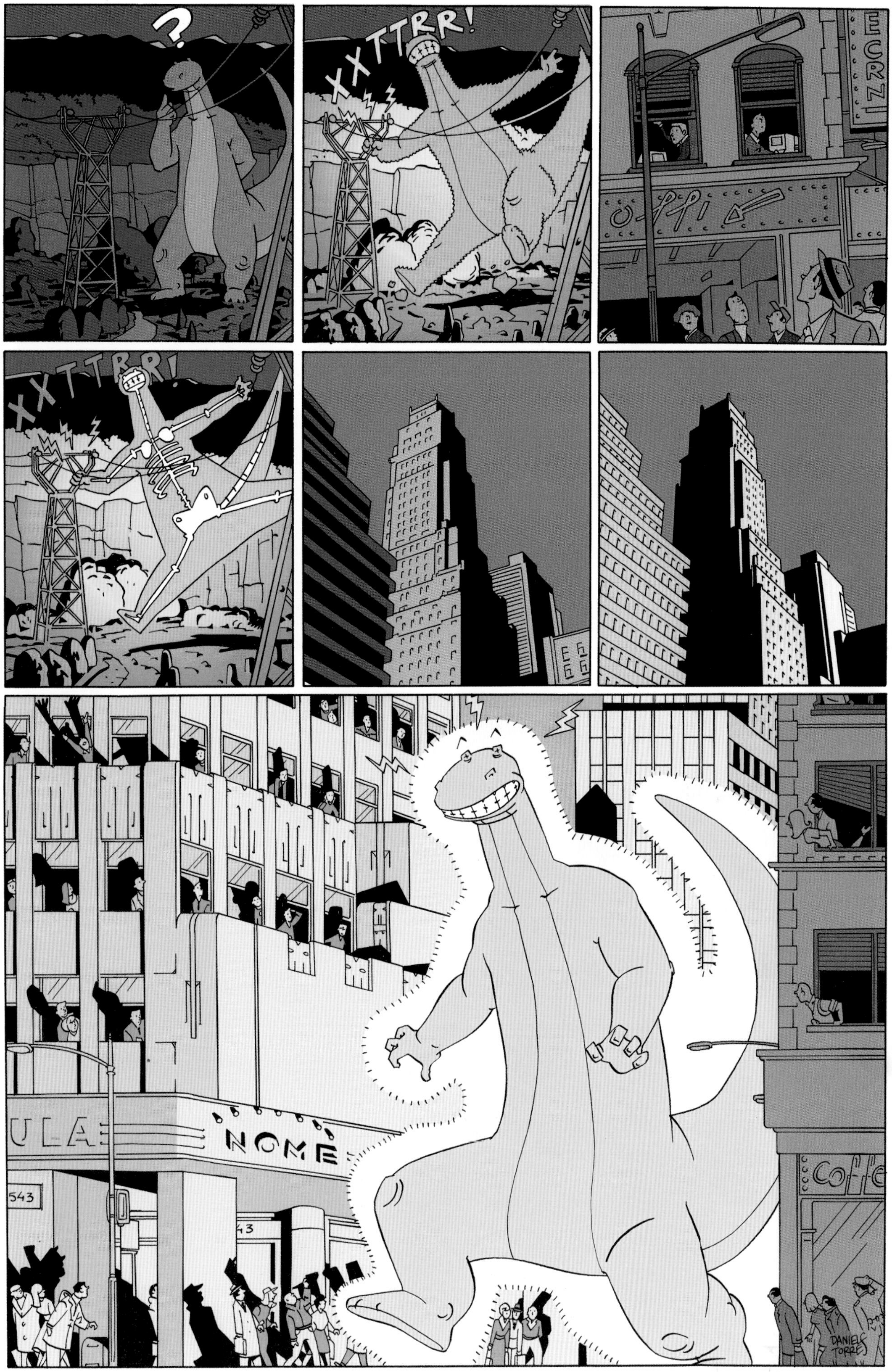
?
XXTTRR!
XXTTRR!
ULA
NOME
543
43
Coffe
DANIEL TORRES

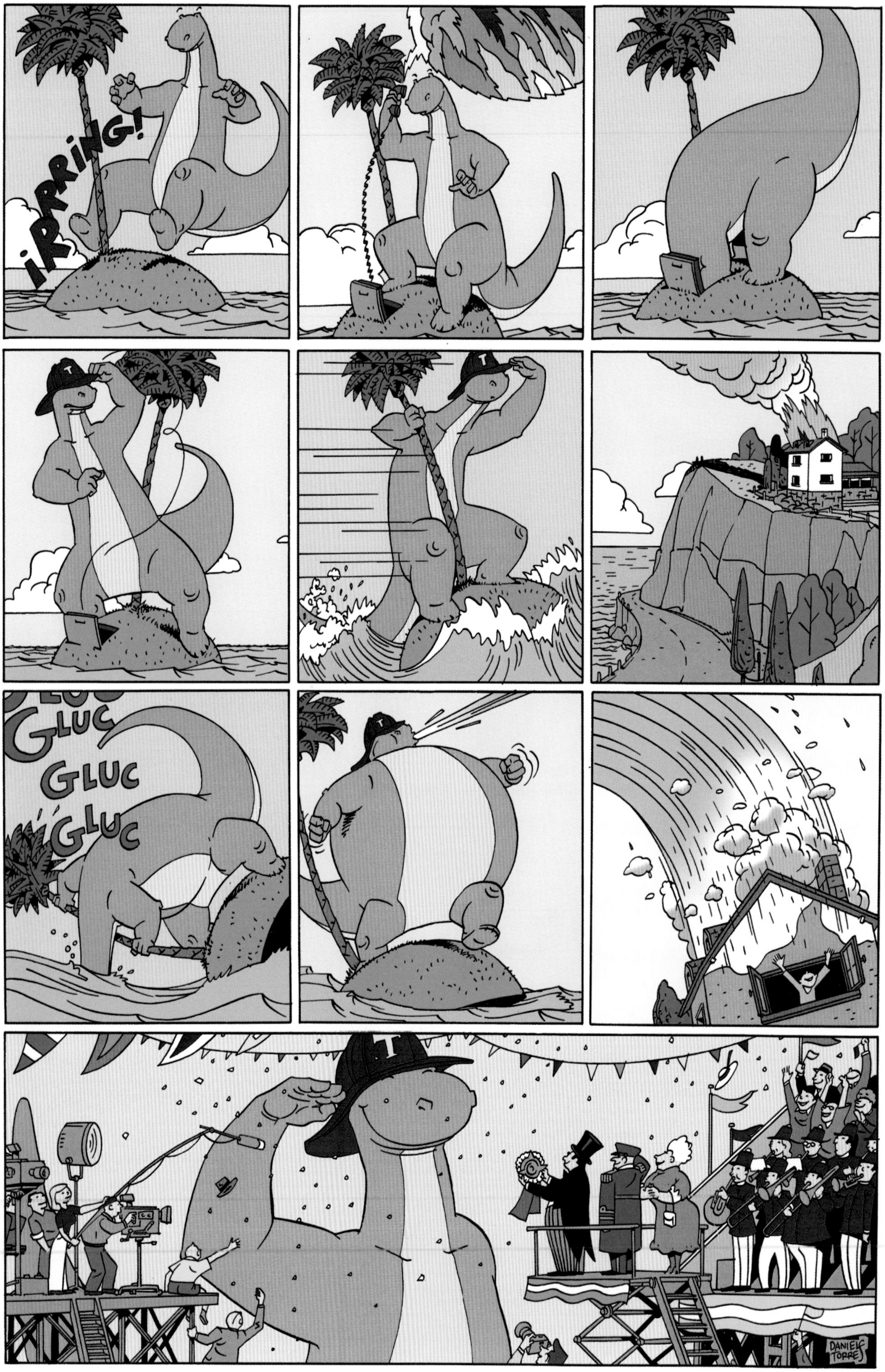
¡RRRING!
GLUC
GLUC
GLUC
DANIEL TORRES

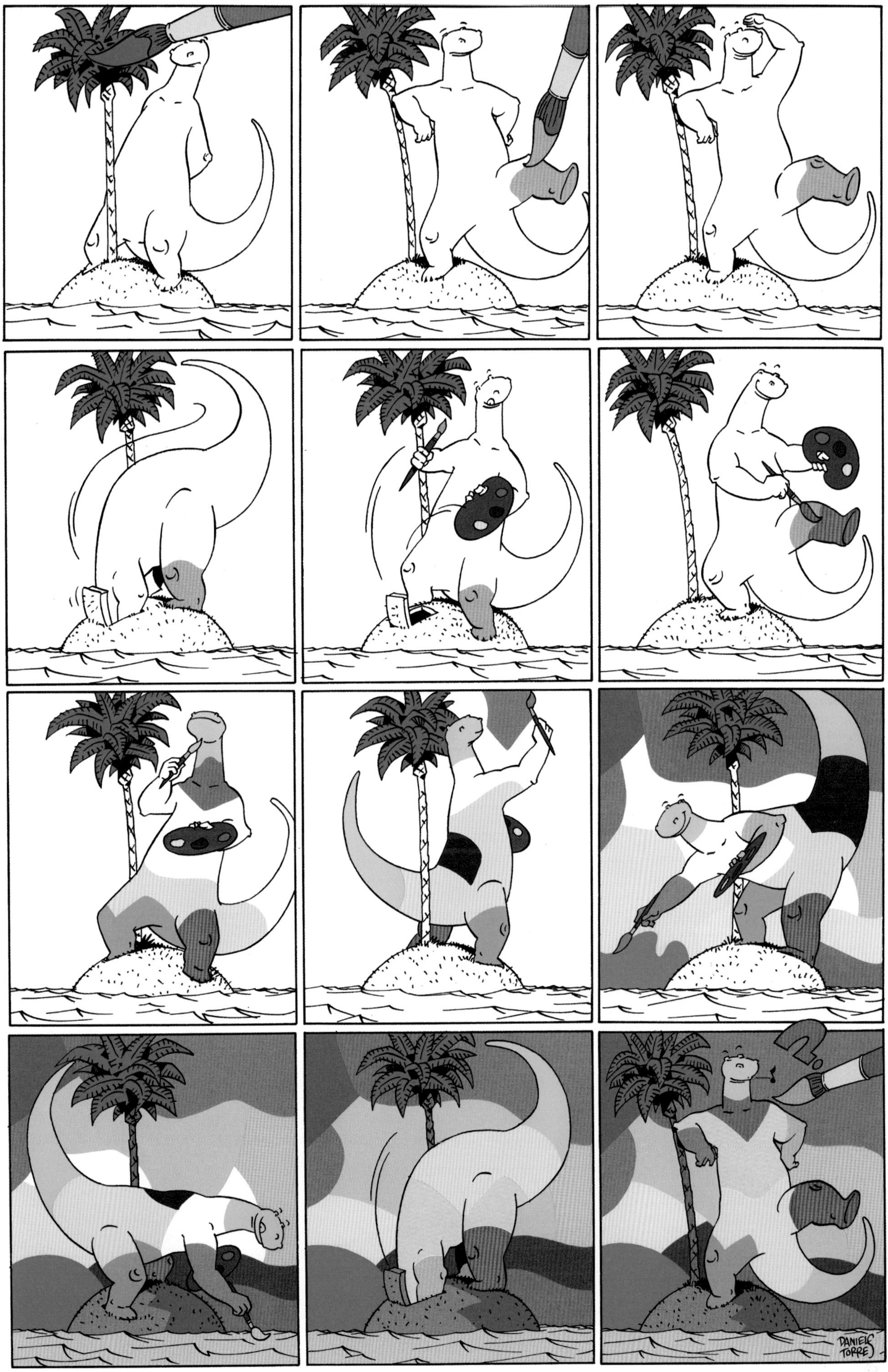
DANIEL TORRES

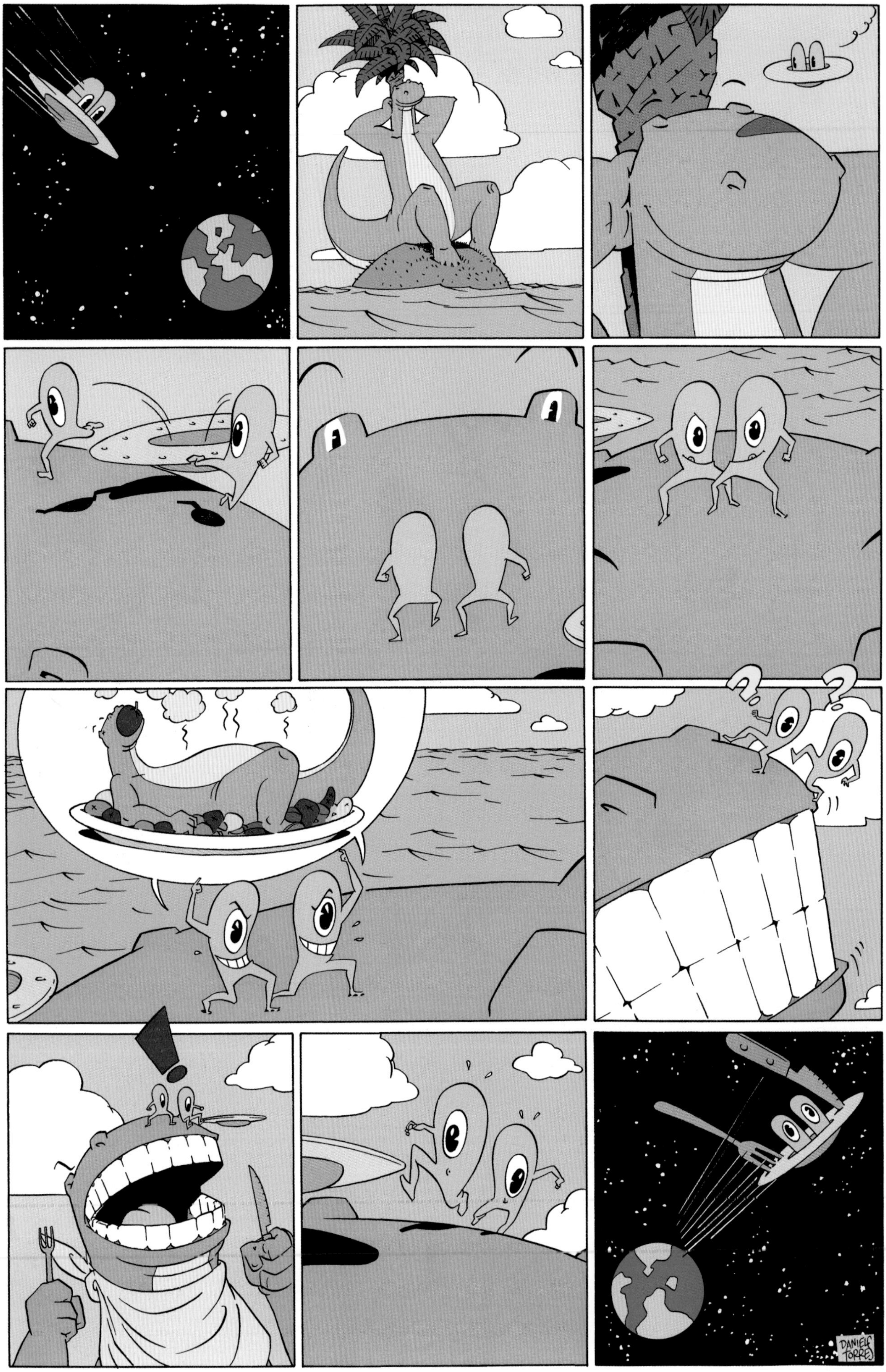
DANIEL TORRES

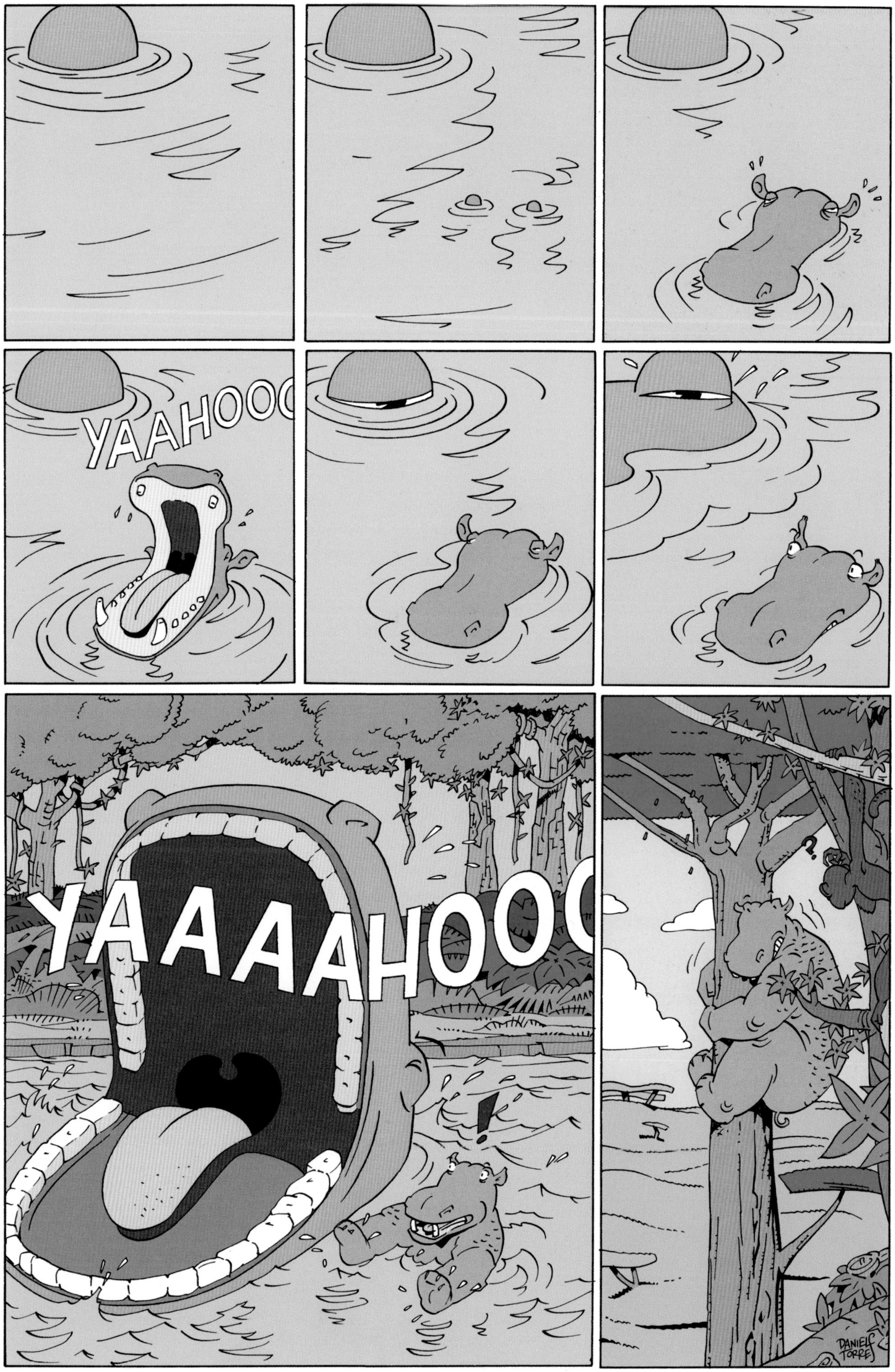
YAAHOOO
YAAAAHOOO
!
?
DANIEL TORRES

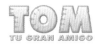

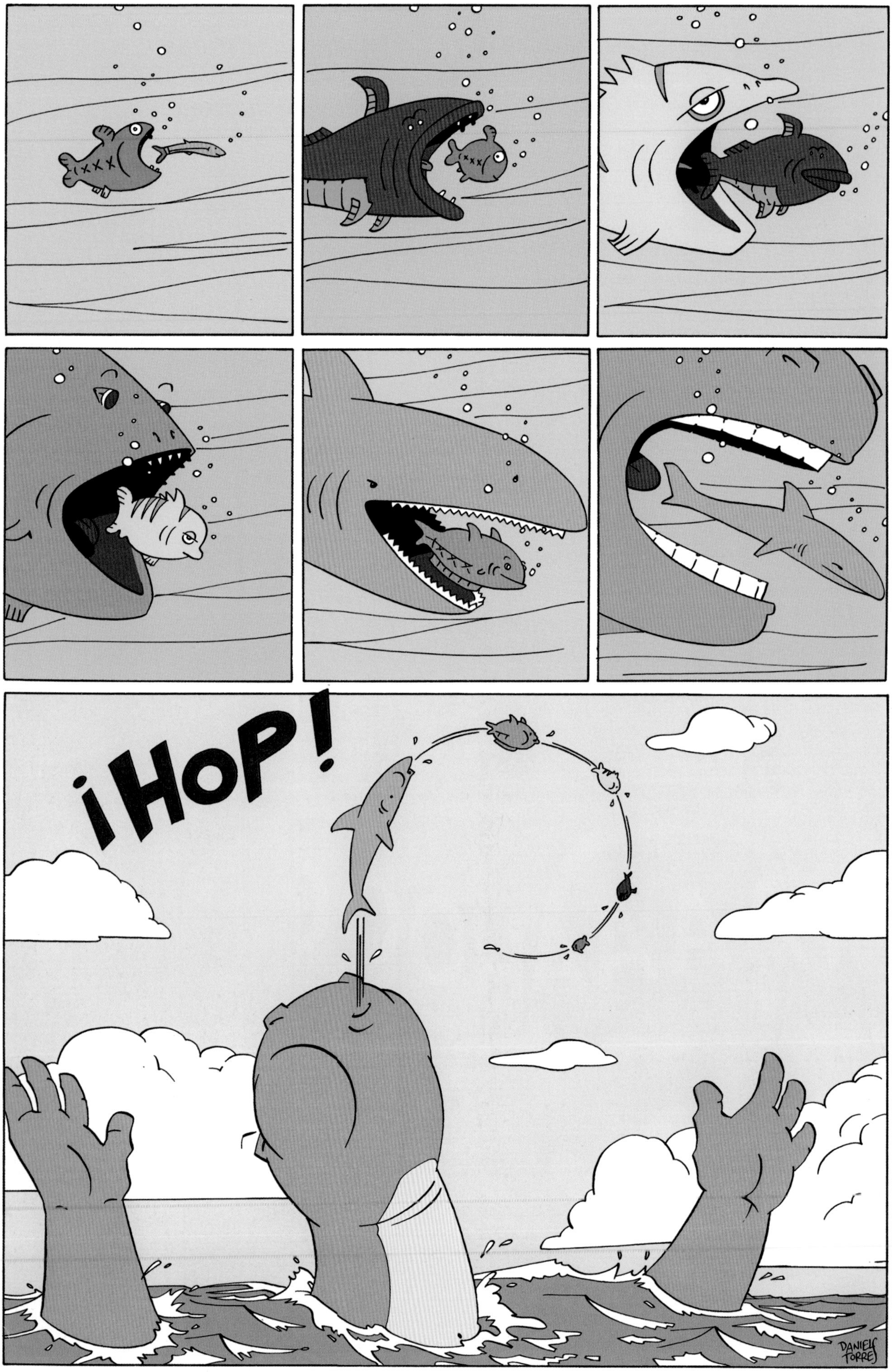
¡HOP!
DANIEL TORRES

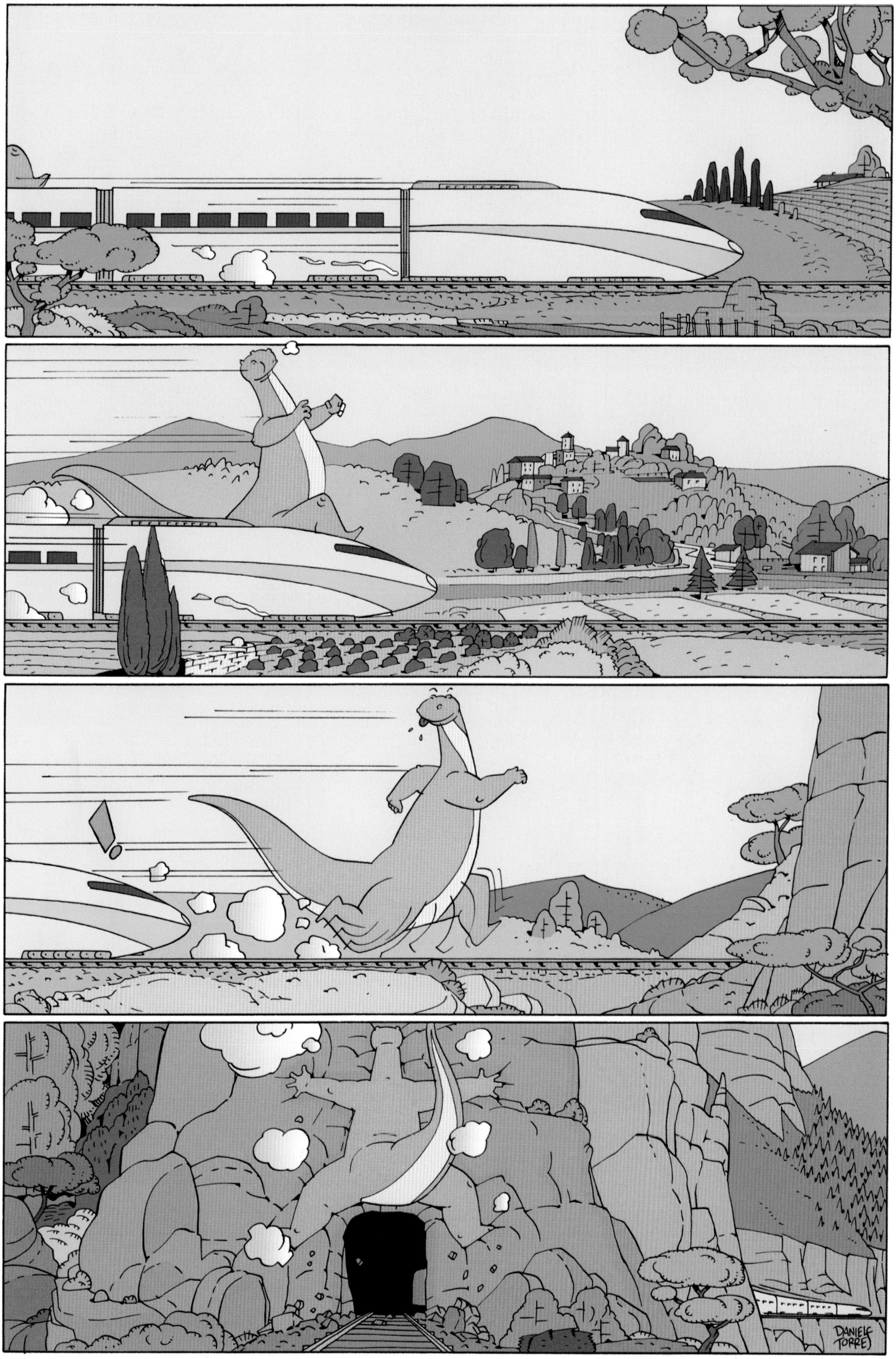
DANIEL TORRES

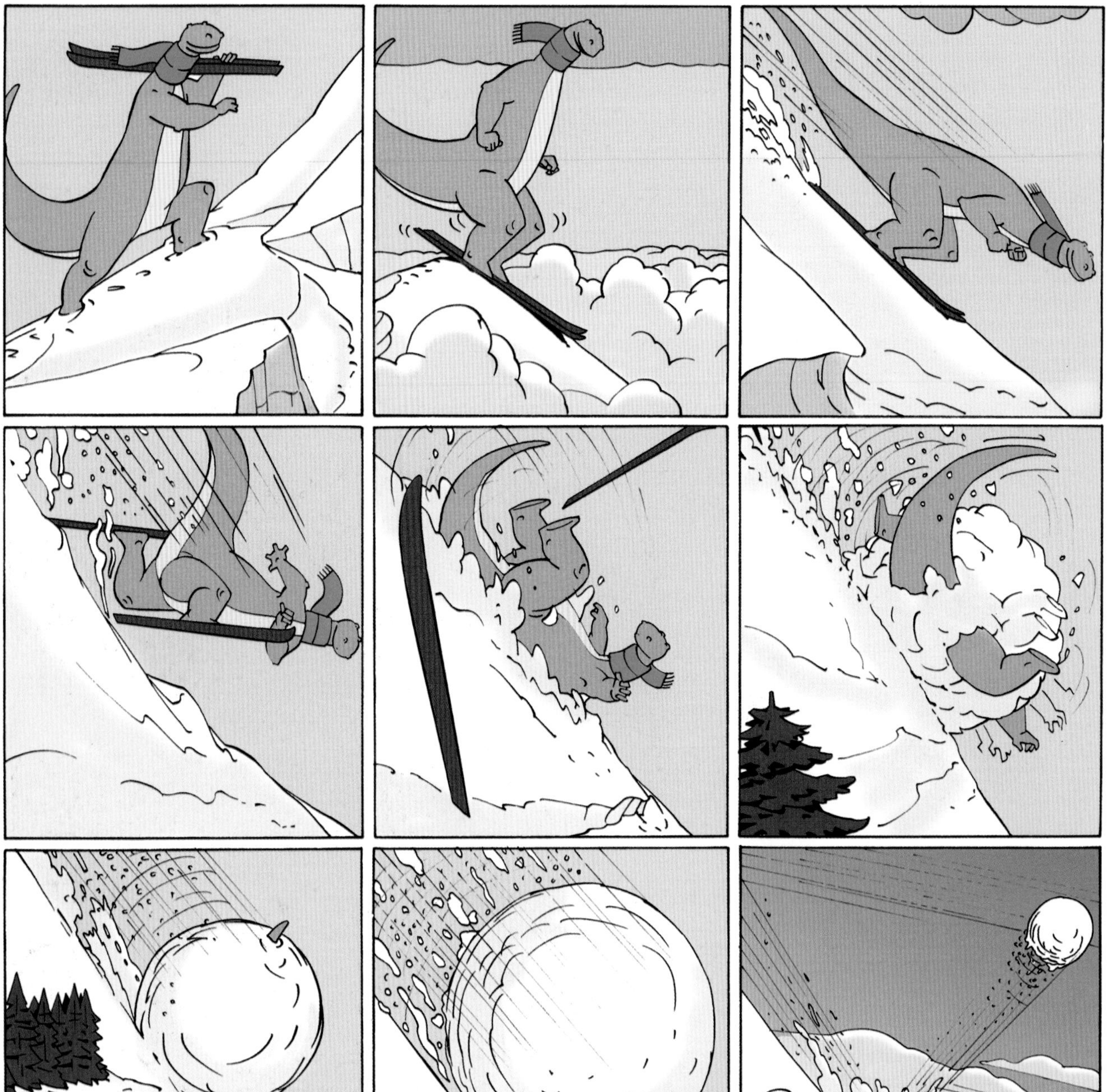
?
DANIEL TORRES

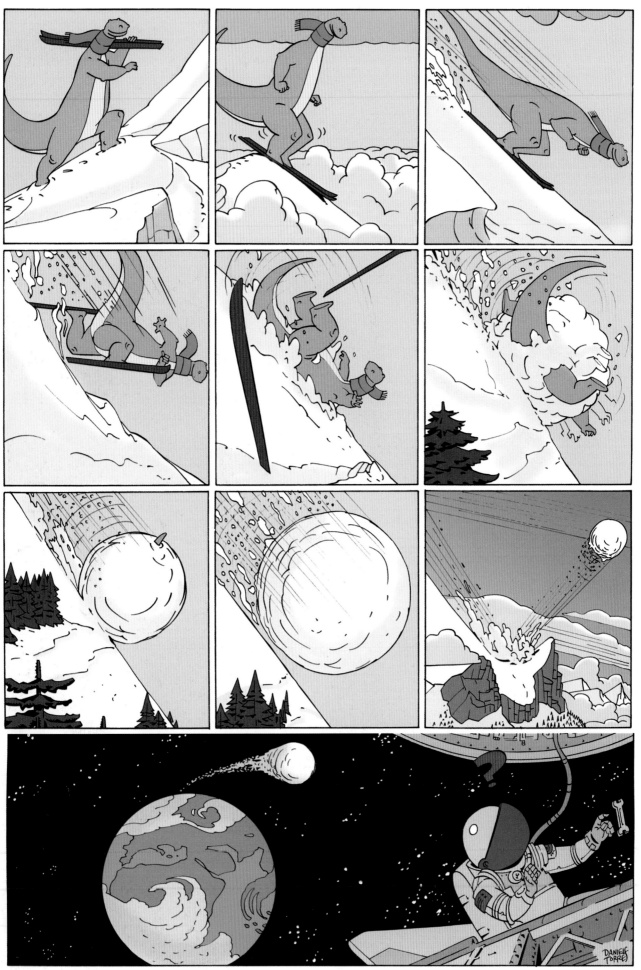

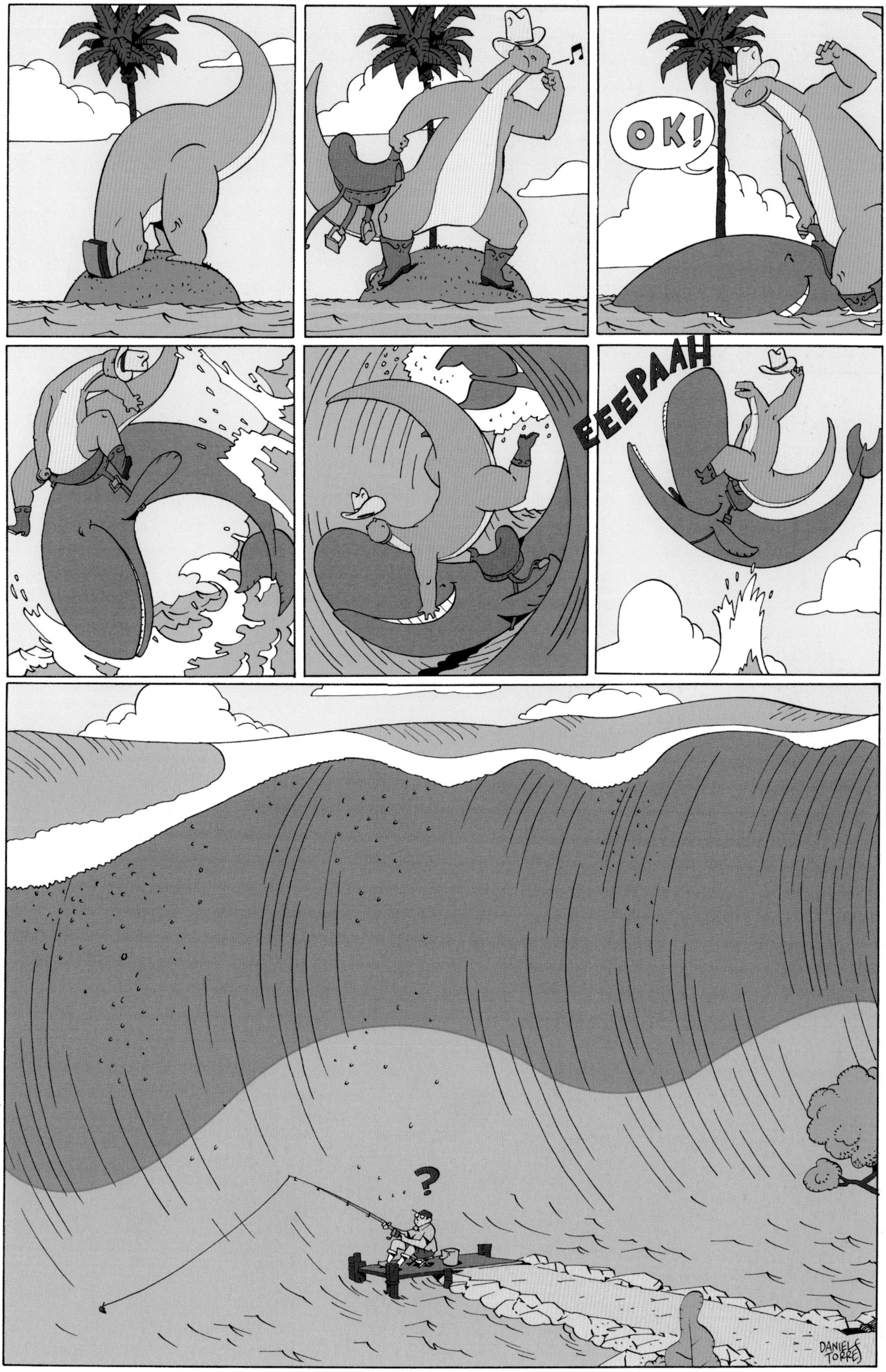
OK!
EEEPAAH
?
DANIEL TORRES

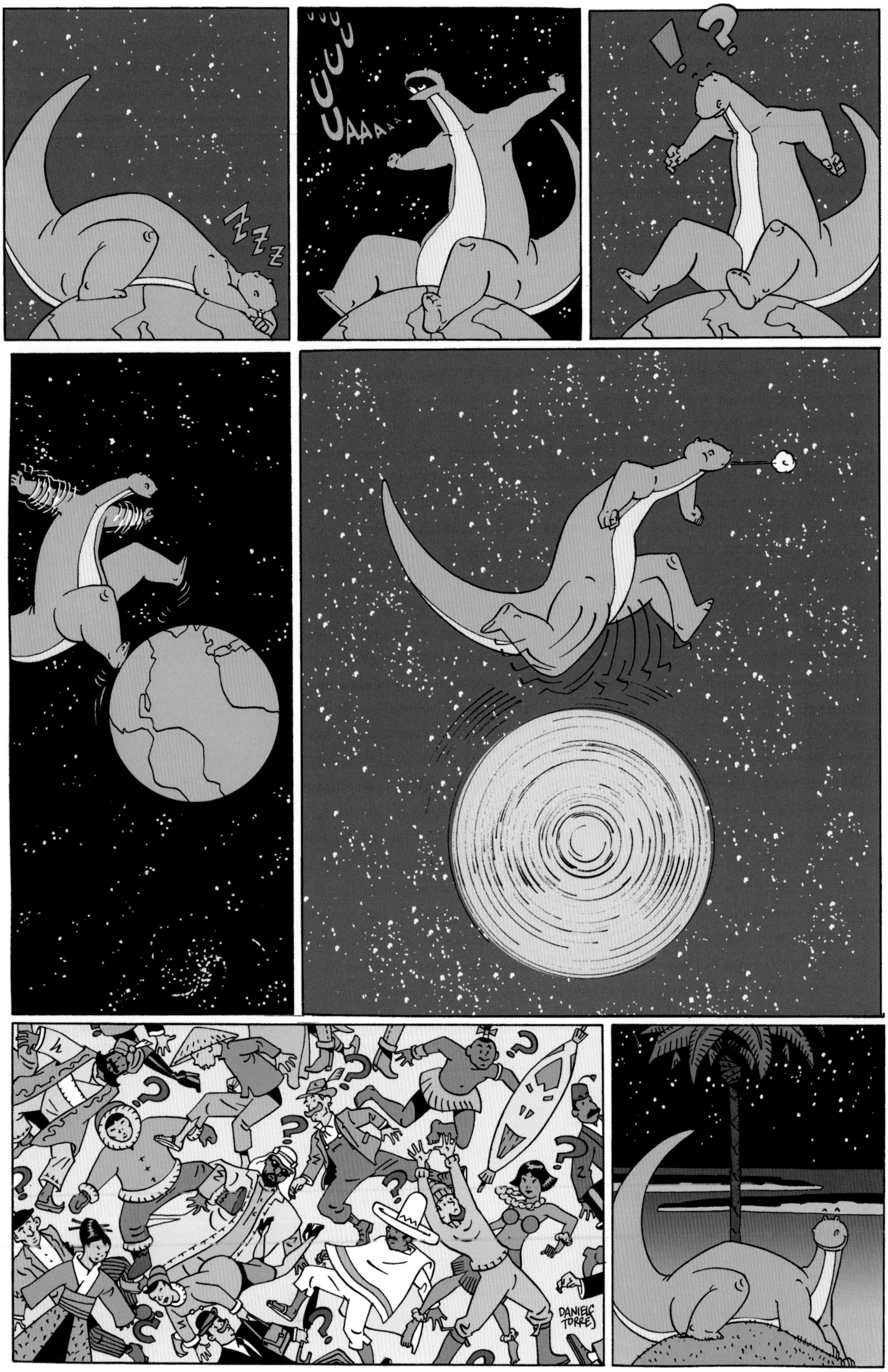
ZZZ
!
?
DANIEL TORRES

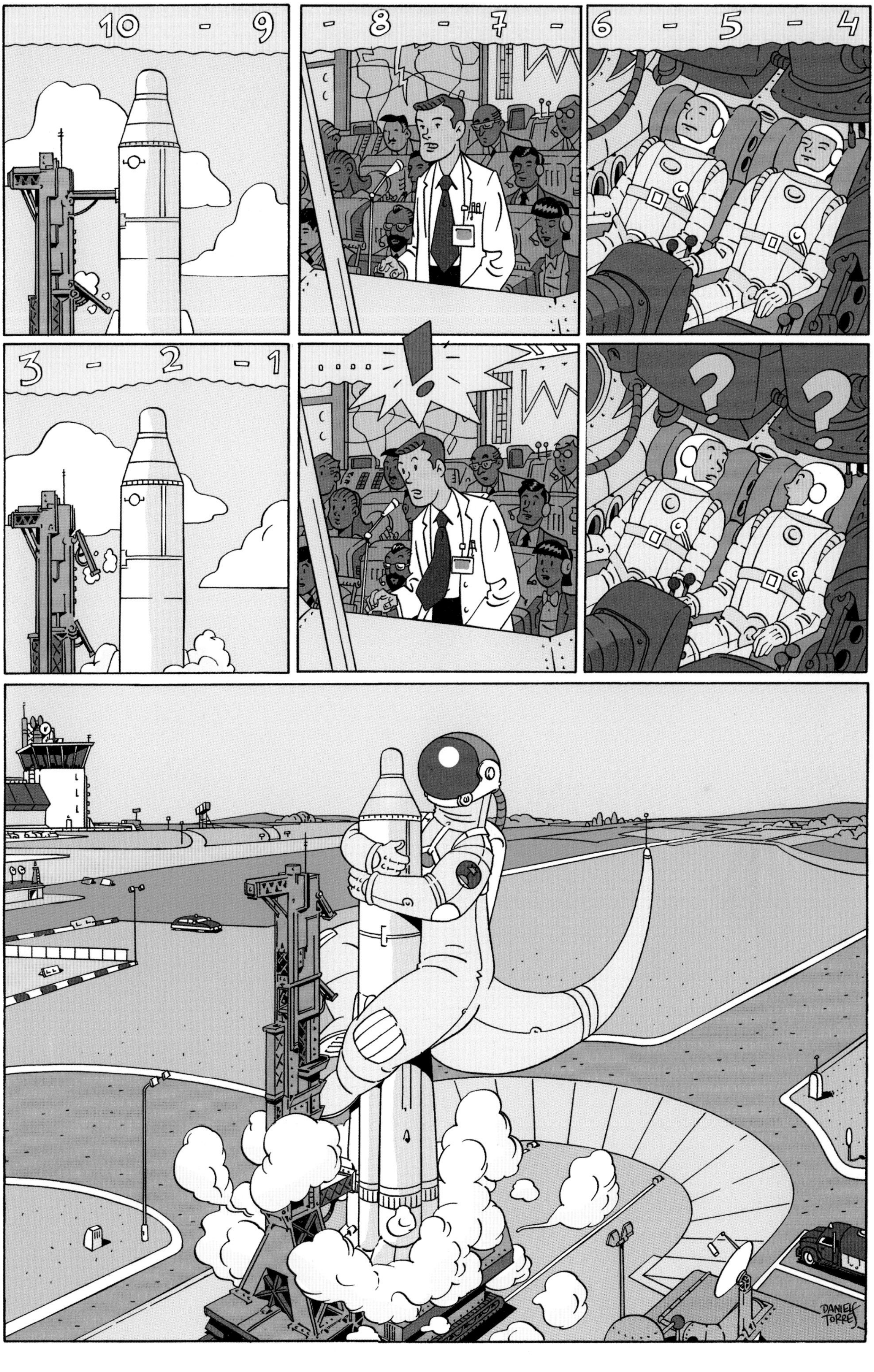
10 - 9
- 8 - 7 -
6 - 5 - 4
3 - 2 - 1
!
?
?
DANIEL TORRES

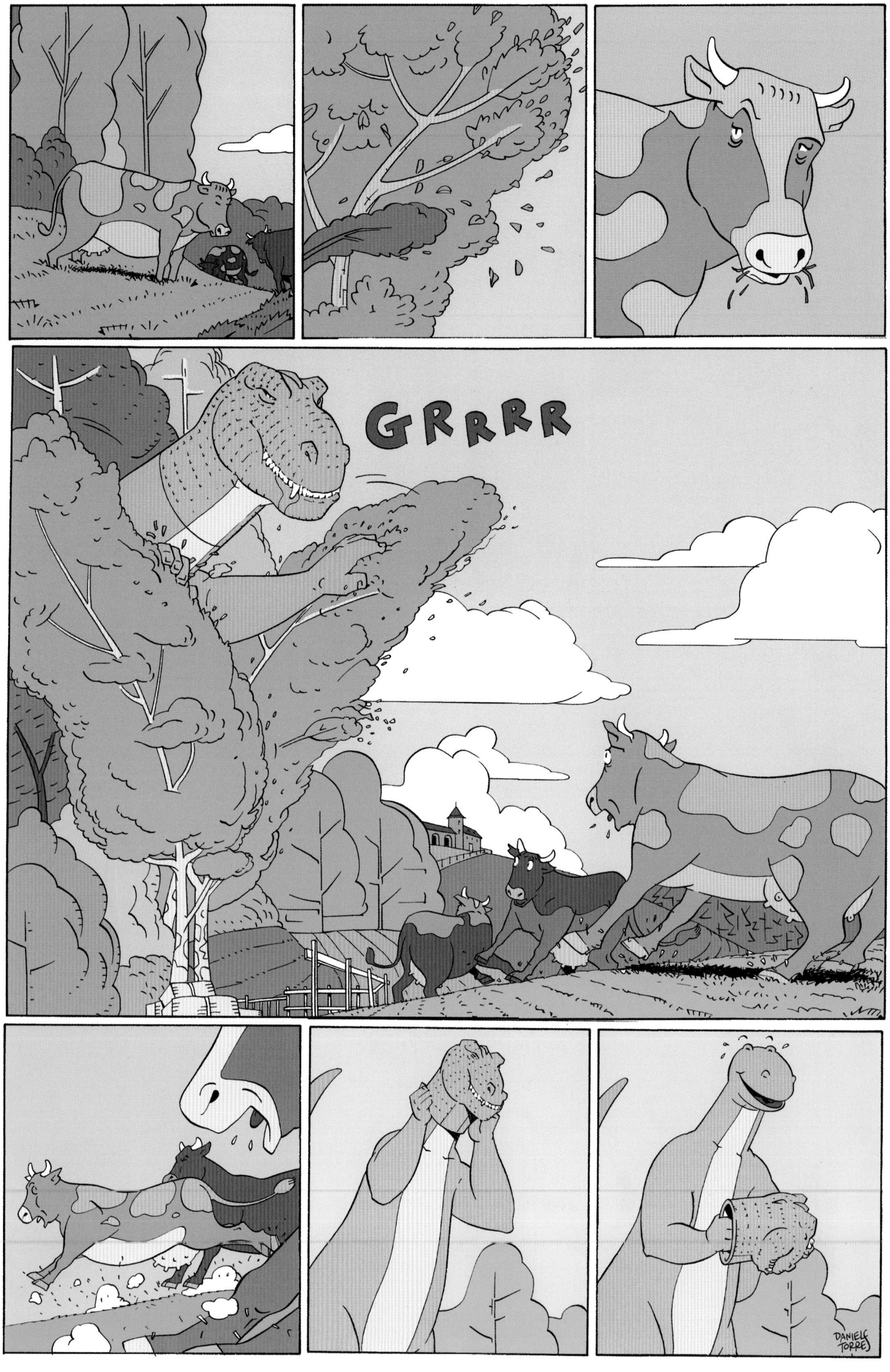
GRRRR
DANIEL TORRES

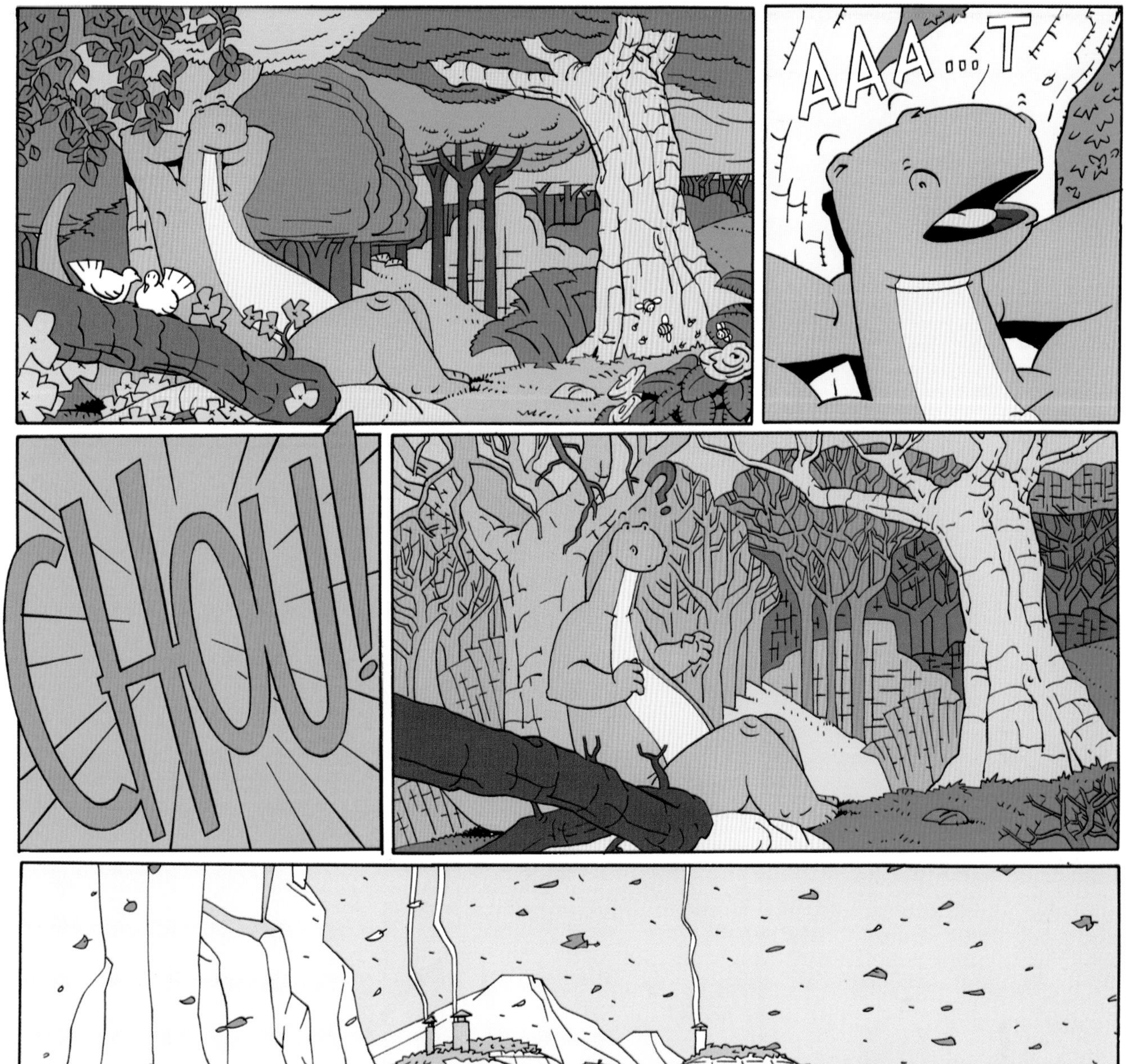
AAA... T
CHOU!
DANIEL TORRES

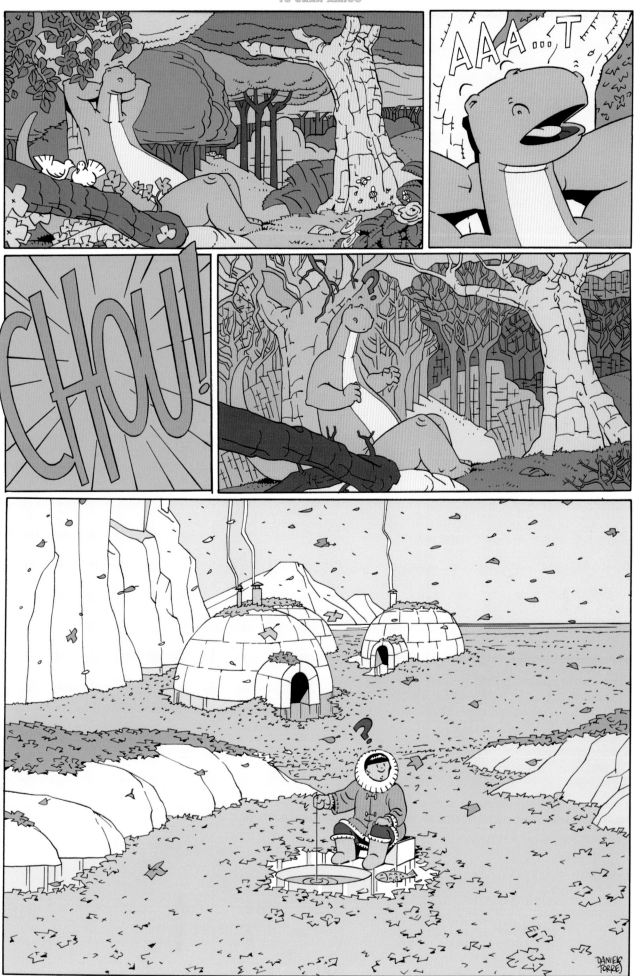

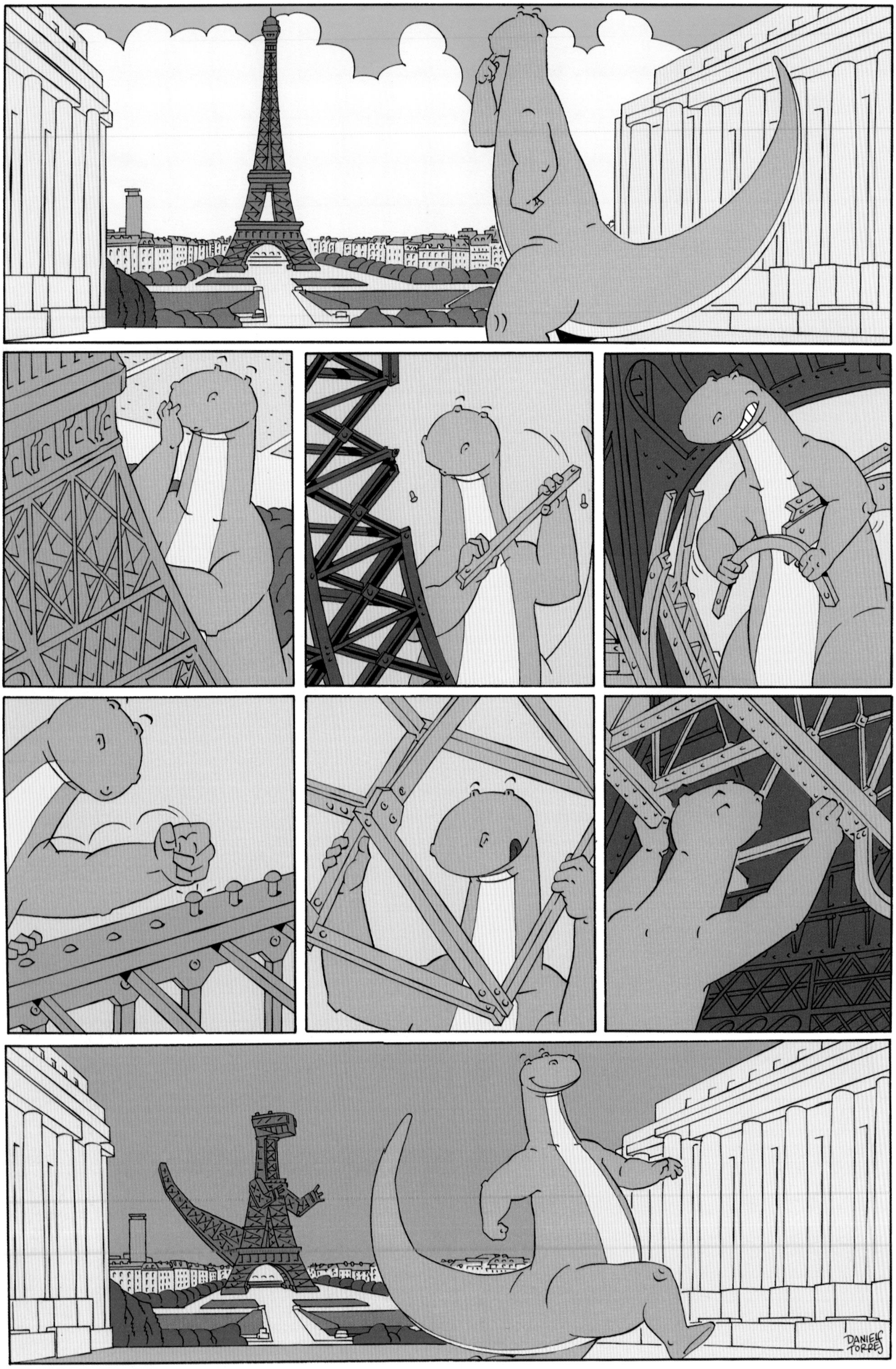
DANIEL TORRES

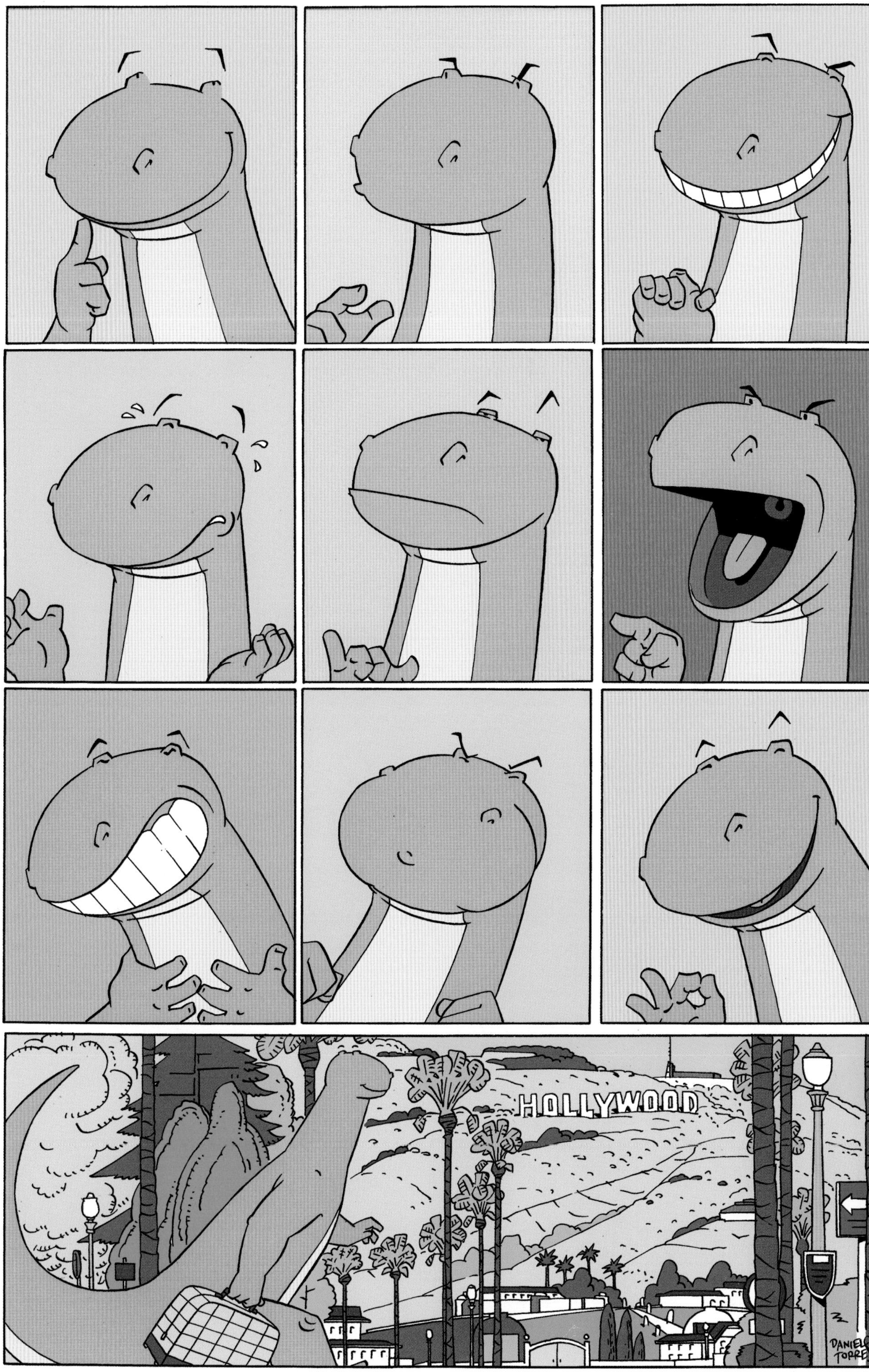
HOLLYWOOD
DANIEL TORRES

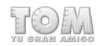

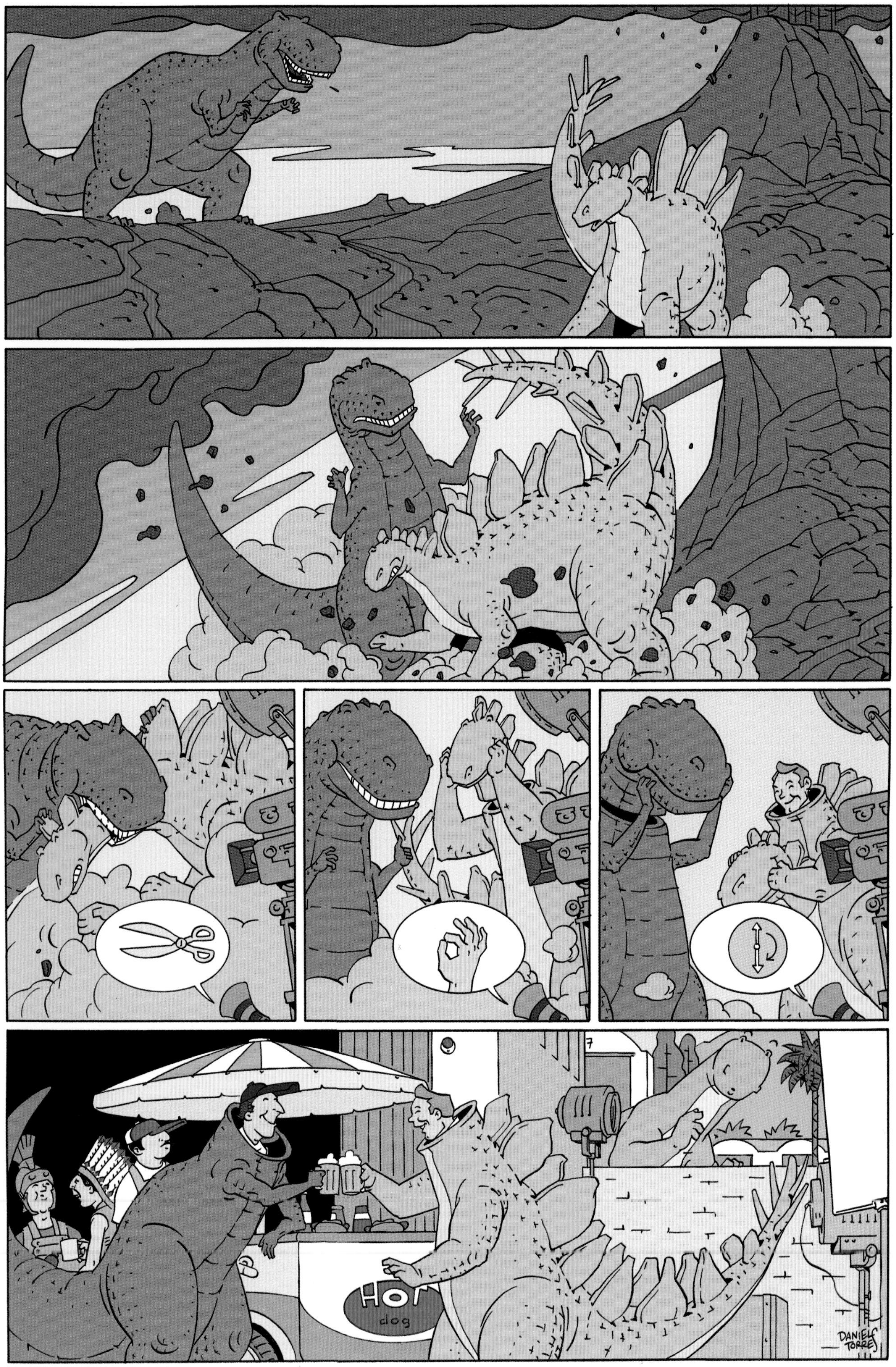
HOT
dog
DANIEL TORRES

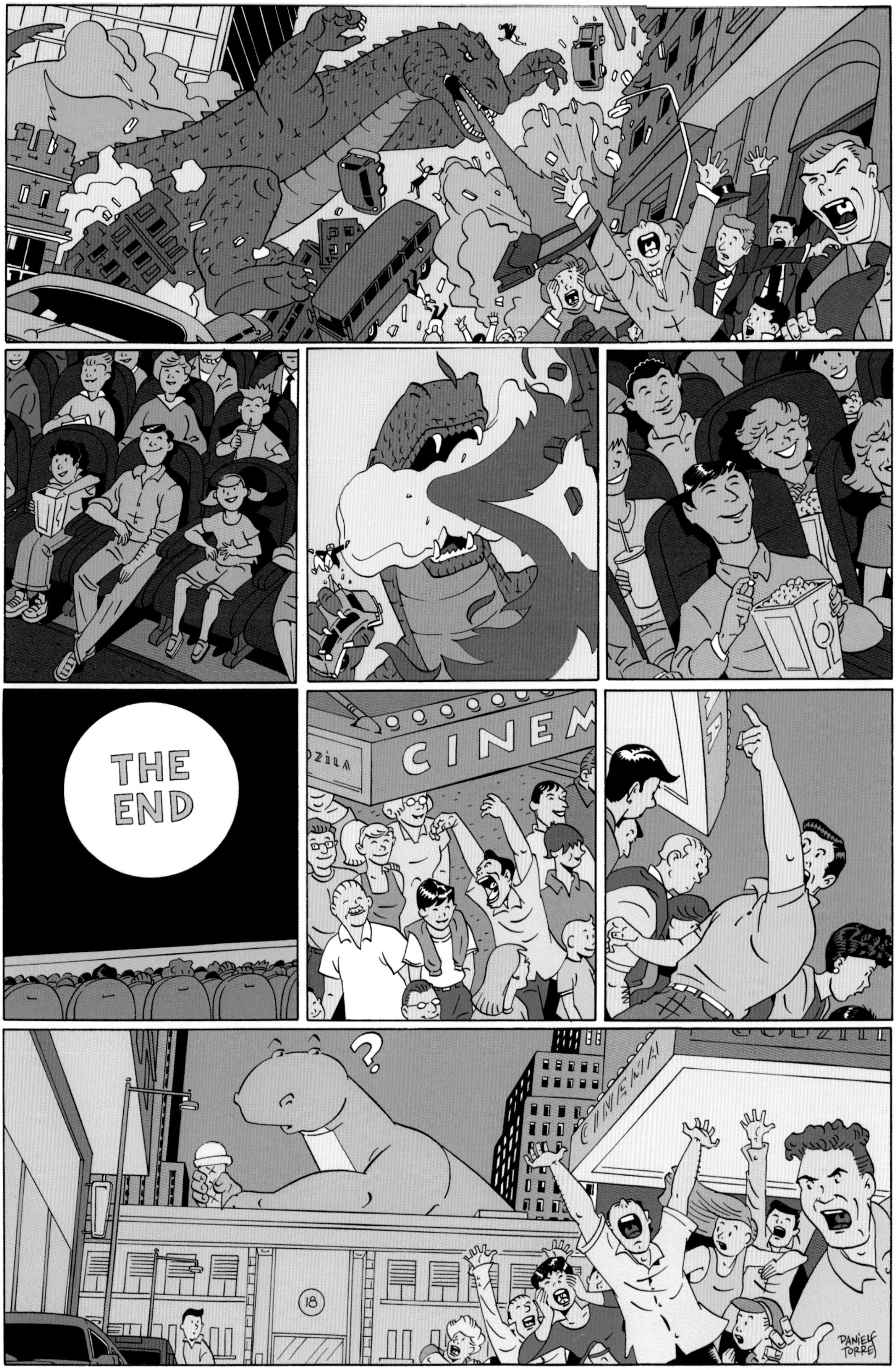
THE END
CINEM
?
CINEMA
18
DANIEL TORRES

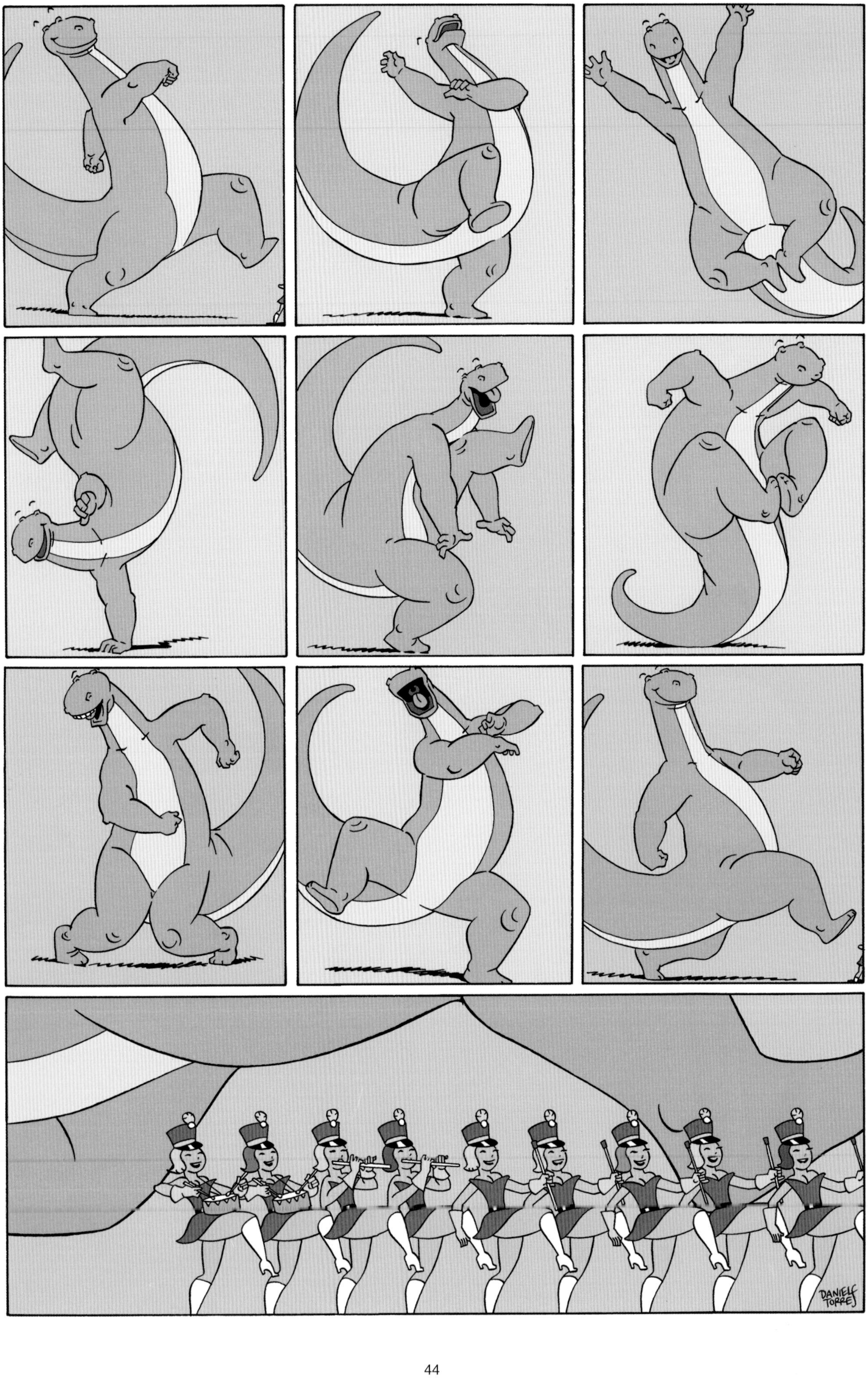
DANIEL TORRES

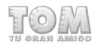

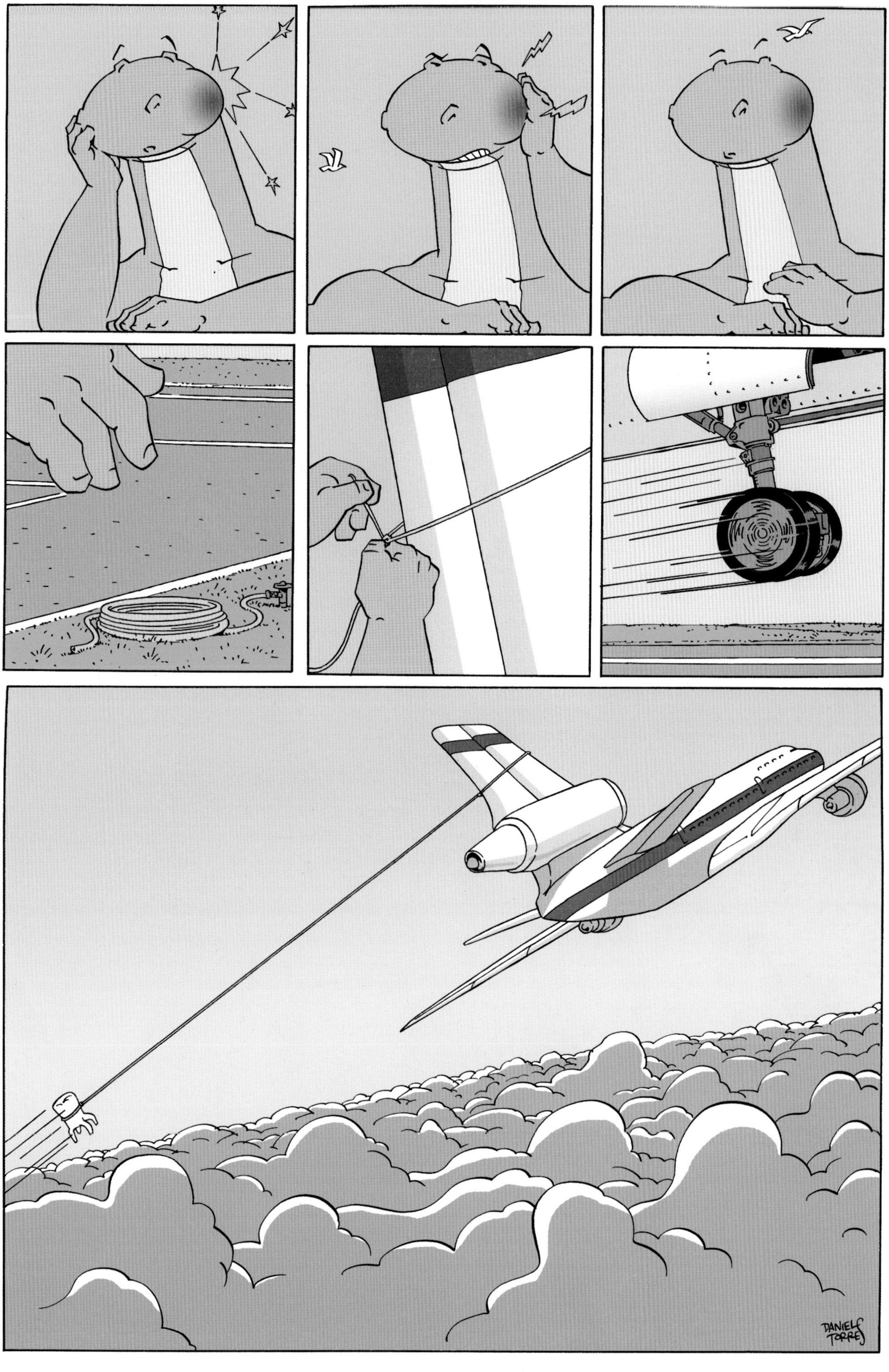
DANIEL TORRES

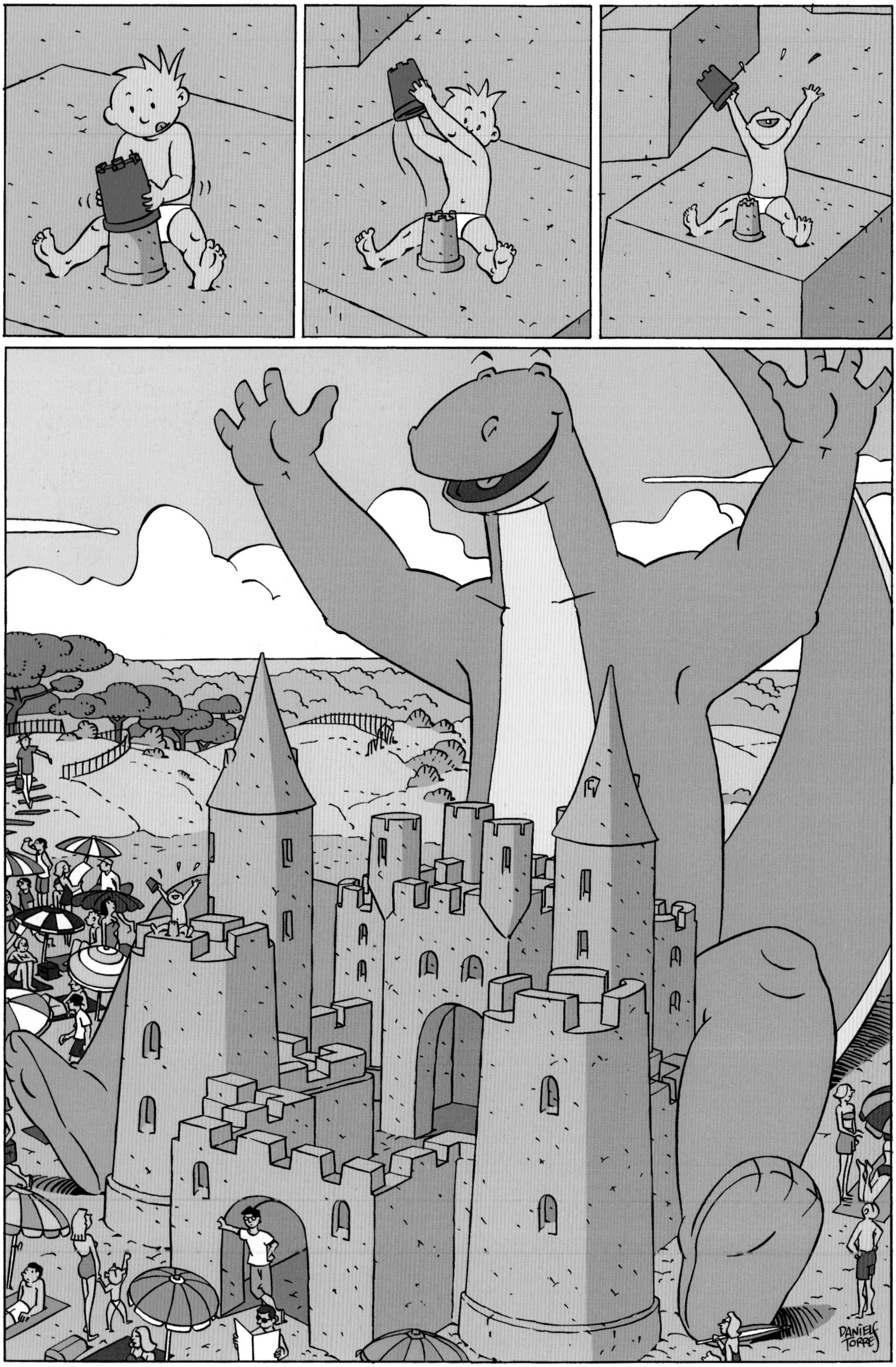
DANIEL TORRES

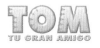

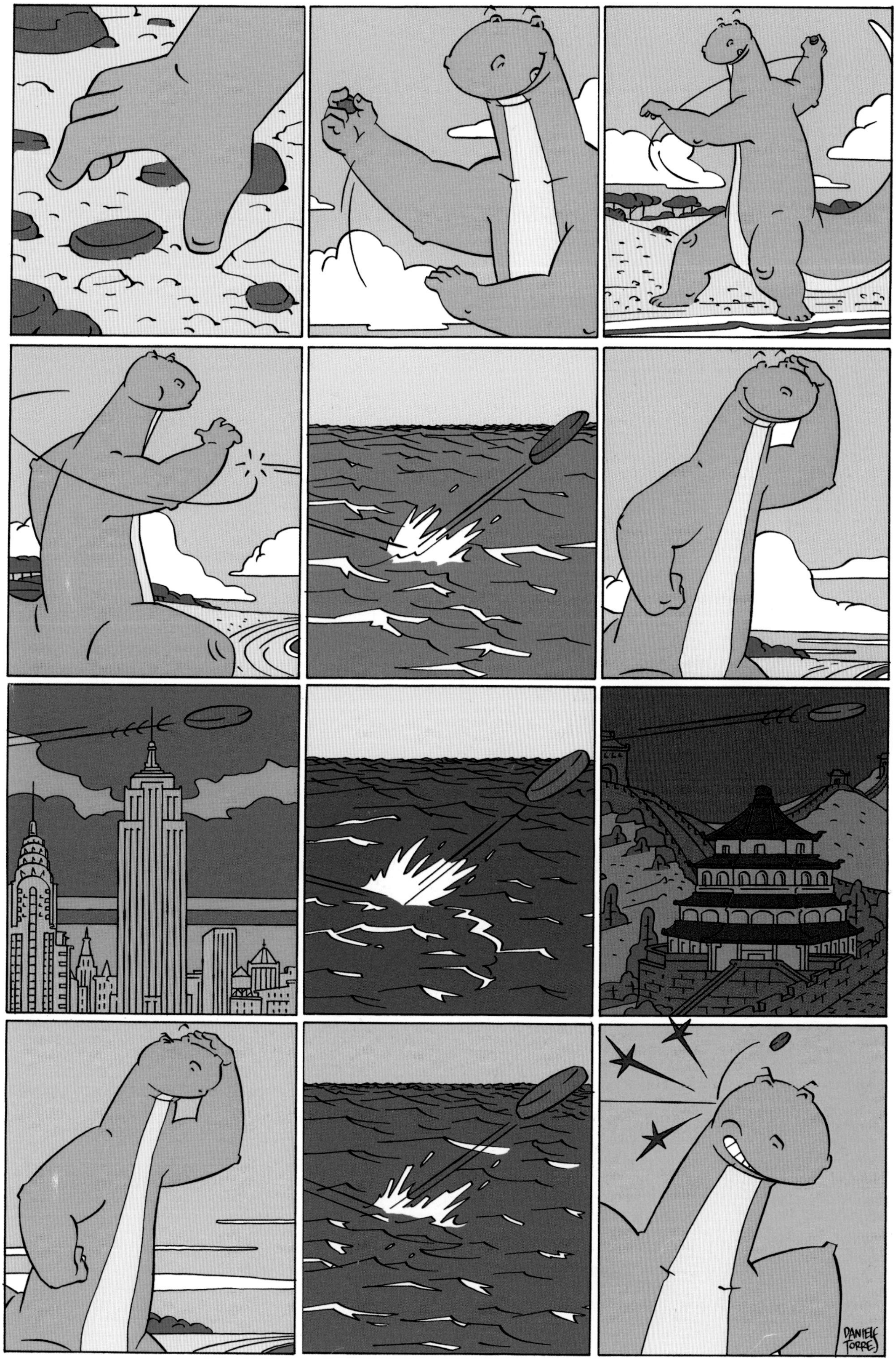
DANIEL TORRES

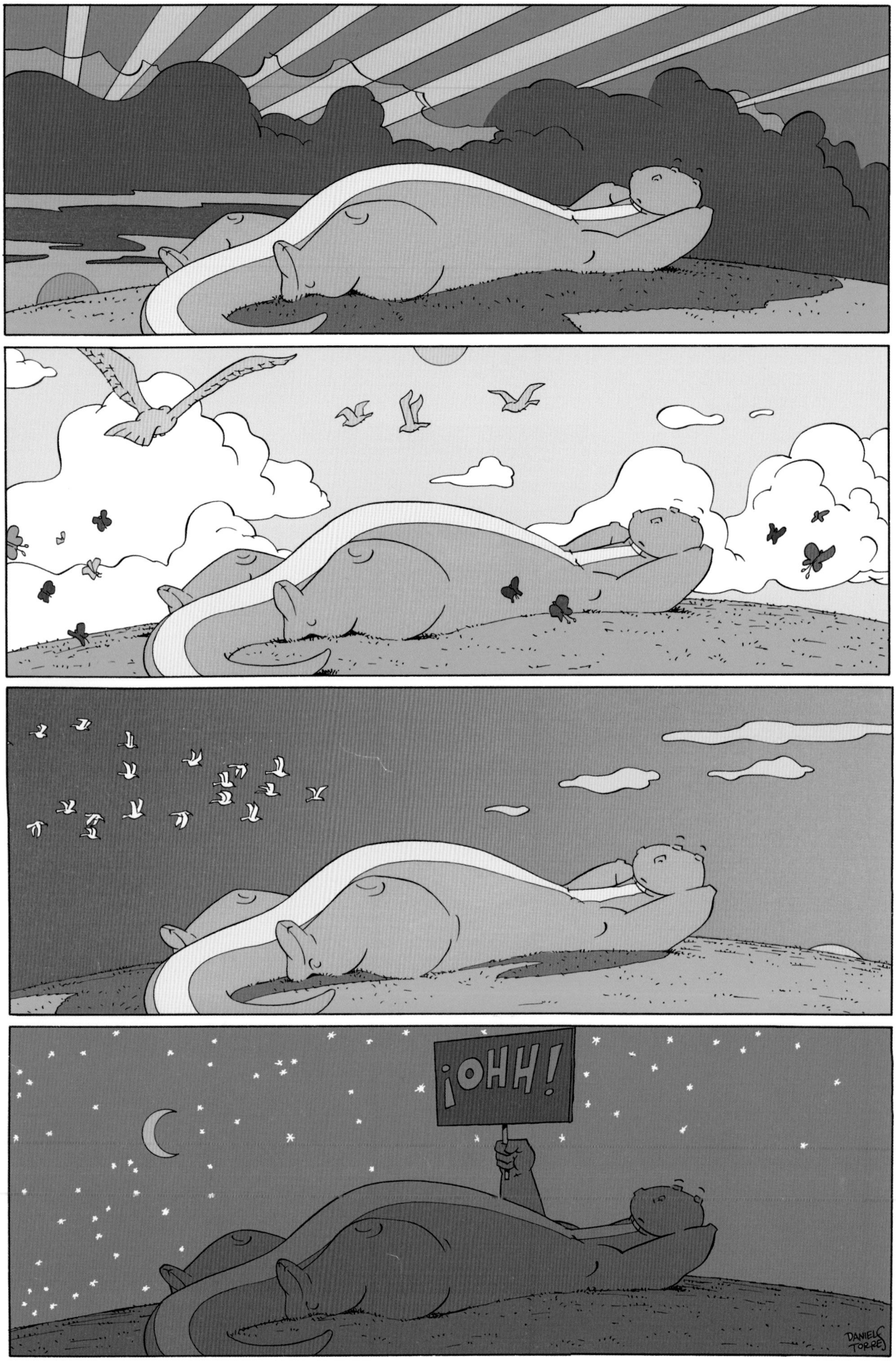
¡OHH!
DANIEL TORRES